COMECE PELO MAIS
DIFÍCIL

COMECE PELO MAIS
DIFÍCIL

21 ótimas maneiras de superar a preguiça e se tornar altamente eficiente e produtivo

Brian Tracy

SEXTANTE

Título original: *Eat That Frog! 21 Great Ways to Stop Procrastinating and Get More Done in Less Time*
Copyright © 2007 por Brian Tracy
Copyright da tradução © 2017 por GMT Editores Ltda.

Publicado mediante acordo com Berrett-Koehler Publishers, São Francisco

Todos os direitos reservados. Nenhuma parte deste livro pode ser utilizada ou reproduzida sob quaisquer meios existentes sem autorização por escrito dos editores.

tradução: Débora Chaves
preparo de originais: Ângelo Lessa
revisão: Raïtsa Leal e Sheila Louzada
diagramação: Ilustrarte Design e Produção Editorial
capa: Retina_78
imagem de capa: Ilya Andriyanov / 123RF
impressão e acabamento: Bartira Gráfica e Editora S/A

CIP-BRASIL. CATALOGAÇÃO NA PUBLICAÇÃO
SINDICATO NACIONAL DOS EDITORES DE LIVROS, RJ

T683c   Tracy, Brian

    Comece pelo mais difícil / Brian Tracy; tradução de Débora Chaves. Rio de Janeiro: Sextante, 2017.
    112 p.; 14 x 21 cm.

    Tradução de: Eat that frog!
    ISBN: 978-85-431-0488-1

    1. Produtividade. 2. Administração do tempo. I. Chaves, Débora. II. Título.

17-39781   CDD: 158.1
                                         CDU: 159.947.3

Todos os direitos reservados, no Brasil, por
GMT Editores Ltda.
Rua Voluntários da Pátria, 45 – Gr. 1.404 – Botafogo
22270-000 – Rio de Janeiro – RJ
Tel.: (21) 2538-4100 – Fax: (21) 2286-9244
E-mail: atendimento@sextante.com.br
www.sextante.com.br

Para minha extraordinária filha Catherine,
uma garota fantástica com uma cabeça maravilhosa
e um futuro incrível pela frente

Sumário

	Prefácio	9
	Introdução	15
Capítulo 1	Defina seu propósito	21
Capítulo 2	Planeje cada dia	25
Capítulo 3	Aplique o Princípio 80/20	29
Capítulo 4	Reflita sobre as consequências	33
Capítulo 5	Pratique a procrastinação criativa	40
Capítulo 6	Use o Método ABCDE	44
Capítulo 7	Concentre-se nas áreas que geram resultados fundamentais	47
Capítulo 8	Aplique a Lei das Três Tarefas	52
Capítulo 9	Prepare-se minuciosamente	58
Capítulo 10	Um passo de cada vez	61
Capítulo 11	Aprimore suas principais habilidades	64
Capítulo 12	Identifique suas maiores limitações	68
Capítulo 13	Ponha pressão em si mesmo	73
Capítulo 14	Motive-se a agir	76
Capítulo 15	A tecnologia não comanda sua vida	79
Capítulo 16	Você comanda a tecnologia	83
Capítulo 17	Direcione sua atenção	88
Capítulo 18	Divida a tarefa em etapas	92
Capítulo 19	Estabeleça horários específicos para realizar tarefas importantes	95
Capítulo 20	Desenvolva um senso de urgência	98
Capítulo 21	Uma tarefa por vez	102
	Conclusão: Juntando as peças	105
	Notas	109

Prefácio

Obrigado por escolher este livro. Espero que as ideias que apresento aqui ajudem você da mesma forma que ajudaram a mim e a milhares de outras pessoas. Na verdade, espero que mudem sua vida para sempre.

Você nunca tem tempo para fazer tudo que precisa. Está sempre assoberbado de trabalho, projetos e responsabilidades pessoais – isso sem contar as pilhas de livros e revistas que pretende começar a ler assim que estiver com tudo em dia.

Mas a verdade é que você *nunca* ficará com tudo em dia. Nunca conseguirá deixar todas as coisas em ordem a ponto de ter tempo para ler os e-mails, as revistas e os livros, e ainda iniciar as atividades de lazer que sonha incluir na sua rotina.

E pode esquecer a ideia de que resolverá seus problemas de gerenciamento do tempo quando se tornar mais produtivo. Não importa quantas técnicas de produtividade pessoal você domine ou quanto tempo livre tenha: sempre haverá mais tarefas a cumprir do que você é capaz de realizar no tempo disponível.

Você só conseguirá assumir o controle de seu tempo e de sua vida se mudar a maneira de pensar, trabalhar e lidar com o fluxo infindável de responsabilidades que surge diariamente. Só conseguirá assumir o controle de suas atividades se parar de fazer determinadas tarefas e começar a investir mais tempo naquelas poucas que de fato vão fazer a diferença em sua vida.

Estudei gerenciamento do tempo durante mais de 40 anos. Mergulhei nos trabalhos de Peter Drucker, Alec Mackenzie, Alan Lakein, Stephen Covey e muitos outros. Li centenas de livros e milhares de artigos sobre eficácia individual.

Toda vez que encontrava uma boa ideia, eu a colocava em prática no trabalho e na vida pessoal. Se funcionasse, eu a incorporava em minhas palestras e meus seminários, passando a ensiná-la. *Comece pelo mais difícil* é o resultado das minhas leituras e práticas mais bem-sucedidas.

Certa vez, Galileu disse: "Você não pode ensinar nada a um homem; pode apenas ajudá-lo a encontrar a resposta dentro dele mesmo." É a mais pura verdade. Dependendo do seu nível de conhecimento e da sua experiência, talvez você tenha a sensação de já conhecer algumas das ideias aqui apresentadas. Um dos objetivos deste livro é tornar você mais consciente a respeito delas. Quando você aprende e aplica esses métodos e técnicas até se tornarem hábitos, consegue dar um direcionamento bastante positivo à sua vida.

Aprendendo com pessoas bem-sucedidas

Vou fazer uma confissão sobre mim mesmo e sobre as origens deste livro. Tirando o fato de ser naturalmente curioso, tive poucas vantagens na vida. Fui mau aluno e não concluí os estudos. Durante muitos anos só consegui empregos que envolviam trabalho braçal. Meu futuro não parecia nada promissor.

Ainda jovem, fui contratado para trabalhar num cargueiro da Marinha mercante e conheci o mundo de navio. Durante oito anos trabalhei viajando e, ao longo desse tempo, visitei mais de 80 países dos cinco continentes. Quando voltei a terra firme, não consegui mais arranjar trabalho braçal, por isso decidi me arriscar e me tornei vendedor de porta em porta, ganhando apenas a comissão. Eu sofria para fazer cada venda, até que, certo dia, me perguntei: "Por que os outros se saem melhor do que eu?"

Então, tomei uma atitude que mudou a minha vida. Comecei a perguntar aos meus colegas de trabalho o que eles faziam para ser mais produtivos e ganhar mais que eu. Eles me responderam. A partir daí, fiz o que me recomendaram, e minhas vendas aumentaram. Na verdade, passei a me sair tão bem que acabei sendo promovido a gerente de vendas. Nesse cargo, apliquei a mesma tática: perguntei aos melhores gerentes o que faziam para obter resultados tão bons e passei a imitá-los. Em pouco tempo me tornei tão produtivo quanto eles.

Essa tática de aplicar o que havia aprendido mudou minha vida. Ainda me surpreendo com sua simplicidade. Basta descobrir o que as pessoas bem-sucedidas fazem e repetir a receita até obter os mesmos resultados que elas. Em outras palavras: aprenda com os especialistas.

É possível prever o sucesso

Resumidamente, algumas pessoas se saem melhor que outras porque trabalham de maneira diferente: fazem as coisas certas do jeito certo. As pessoas felizes, bem-sucedidas e prósperas, em particular, usam o tempo com muito mais eficácia que as outras.

Tenho origem humilde, por isso desenvolvi um forte complexo de inferioridade e inadequação. Caí na armadilha mental de achar que as pessoas mais bem-sucedidas que eu eram, na realidade, melhores que eu. Com o tempo, porém, aprendi que isso não necessariamente é verdade. Elas apenas faziam as coisas de maneira *diferente*, portanto eu podia aprender a fazer as coisas do jeito delas.

Para mim, isso foi como uma revelação. Fiquei (e ainda fico) surpreso e empolgado. Percebi que poderia mudar de vida e alcançar qualquer objetivo se descobrisse e aplicasse as táticas das pessoas de sucesso até obter os mesmos resultados.

Em menos de um ano na área de vendas, eu me tornei o melhor vendedor da equipe. Um ano depois, fui promovido a gerente. Em três anos, tornei-me vice-presidente da empresa, responsável por uma equipe de vendas com 95 pessoas distribuídas por seis países. Eu tinha apenas 25 anos.

De lá para cá, tive 22 empregos; ergui diversas empresas do zero; consegui me formar em administração em uma conceituada universidade; aprendi a falar francês, alemão e espanhol; e atuei como palestrante, instrutor ou consultor em mais de mil empresas. Atualmente, ministro palestras e seminários para mais de 250 mil pessoas por ano, com até 20 mil pessoas em cada evento.

Uma verdade simples

Ao longo da carreira, descobri e redescobri diversas vezes uma verdade simples: a chave para o sucesso, a realização, o respeito, o prestígio e a felicidade está na capacidade de se concentrar em sua tarefa mais importante e realizá-la de forma satisfatória do começo ao fim. Essa explicação básica é essencial para este livro.

Quero lhe mostrar como ser promovido rapidamente e, ao mesmo tempo, enriquecer sua vida. Para isso, listo e explico os 21 princípios fundamentais para a eficiência pessoal que observei ao longo dos anos.

Esses métodos, técnicas e estratégias são práticas comprovadas e surtem um efeito imediato. Para evitar me prolongar demais, não me aprofundarei nas diversas explicações emocionais e psicológicas sobre a procrastinação ou o mau gerenciamento do tempo. As teorias e pesquisas atuais não trazem grandes novidades sobre o tema. Aqui, você aprenderá ações específicas que podem ser empregadas para gerar resultados melhores e imediatos no trabalho, além de fazer de você uma pessoa mais feliz.

O objetivo de todas as ideias deste livro é aumentar sua produtividade e seu desempenho e torná-lo mais valioso em sua área de atuação, mas muitas dessas ideias servem também para sua vida pessoal.

Cada método ou técnica pode ser aplicado isoladamente. Todos são necessários, embora alguns possam se mostrar mais eficazes que outros de acordo com a situação. As 21 ideias de *Comece pelo mais difícil* representam um conjunto de ferramentas de eficiência pessoal que podem ser usadas a qualquer momento e em qualquer ordem que faça sentido para você. O segredo do sucesso é a ação. Garanto que, quanto mais cedo você aprender e aplicar esses princípios, mais rápido subirá na carreira.

Não existem limites para o que você pode conquistar quando aprende a priorizar suas tarefas e executá-las do modo mais eficaz.

Brian Tracy
Solana Beach, Califórnia
Janeiro de 2017

Introdução

Vivemos em uma época maravilhosa. Nunca dispusemos de tantas possibilidades e oportunidades para alcançar nossos objetivos. Estamos mergulhados em opções. Aliás, temos tantas alternativas que a capacidade de fazer escolhas corretas pode ser o fator determinante para o sucesso.

Se você é como a maioria das pessoas, está sobrecarregado de tarefas e não tem tempo de cumprir todas elas. À medida que se esforça para ficar com tudo em dia, surgem novas responsabilidades. Por causa disso, você nunca consegue fazer tudo que precisa fazer, vive revendo prazos e refazendo cronogramas, está sempre atrasado com determinadas obrigações – provavelmente, a maior parte delas.

A necessidade de ser seletivo

Hoje em dia, a capacidade de distinguir a tarefa principal e realizá-la com rapidez e competência é provavelmente mais importante para o sucesso que qualquer outra qualidade ou talento que você possa desenvolver.

Uma pessoa comum que cria o hábito de estabelecer prioridades claras e finalizar tarefas importantes em pouco tempo é muito mais eficaz que o gênio que fala muito e elabora planos maravilhosos porém pouco concretiza.

O cerne deste livro

Certa vez, Mark Twain disse que, se sua primeira ação toda manhã é comer um sapo vivo, você pode passar o dia com a satisfação de saber que, não importa o que aconteça no restante do dia, nada será pior.

Seu "sapo" é sua maior e mais importante tarefa, aquela que você tem mais chances de procrastinar se não resolver trabalhar nela de uma vez. Essa é a tarefa que pode exercer o impacto mais positivo e gerar os melhores frutos.

A primeira regra para concluir tarefas é:
Se tiver que escolher entre duas, faça primeiro a maior.

Voltando à referência a Mark Twain, se tiver que escolher entre dois sapos, coma logo o mais feio. Ou seja, se você tem duas tarefas pela frente, comece pela mais importante, trabalhosa e difícil. Discipline-se para começar imediatamente e seguir com ela até finalizá-la, e só depois passe para a seguinte.

Pense na tarefa como um teste. Um desafio pessoal. Resista à tentação de começar pela mais fácil. Lembre-se a todo momento de que uma das decisões mais importantes que você pode tomar todos os dias é resolver o que fará imediatamente e o que deixará para depois (ou mesmo se concluirá a tarefa menos importante).

A segunda regra para concluir tarefas é:
Se precisar mesmo resolvê-la, tenha em mente
que você não tem nada a ganhar se ficar sentado
olhando para ela por muito tempo.

O segredo para alcançar altos níveis de desempenho e produtividade é ter o hábito de resolver sua tarefa mais importante logo pela manhã. Desenvolva a rotina de "comer seu sapo" antes de qualquer outra coisa e sem perder tempo pensando no assunto.

Aja imediatamente

Com base nos diversos estudos sobre pessoas que recebem os maiores salários e são promovidas rapidamente, concluímos que o comportamento mais comum entre elas é o hábito de se "concentrar na ação". As pessoas eficientes e bem-sucedidas começam a cuidar de suas tarefas principais assim que chegam ao trabalho e se disciplinam a agir com regularidade e foco até finalizá-las.

Atualmente, um dos maiores problemas observados nas empresas é a "falha na execução". Muitas pessoas confundem a atividade em si com sua realização. Falam sem parar, organizam reuniões intermináveis e elaboram planos espetaculares, mas não concluem o trabalho nem alcançam os resultados esperados.

Desenvolva hábitos de sucesso

Seu sucesso na vida e no trabalho será determinado pelos tipos de hábito que você desenvolve ao longo do tempo. O hábito de estabelecer prioridades, superar a procrastinação e se concentrar em sua tarefa mais importante é um talento físico e mental, portanto pode ser aprendido com a prática e a repetição até ficar gravado em seu subconsciente e ser incorporado a seu comportamento. Quando uma ação se transforma em hábito, torna-se automática e fácil de realizar.

Começar e finalizar tarefas importantes proporciona uma recompensa imediata e permanente. Quando adquire esse hábito, você se sente tão preparado em termos mentais e emocionais que, ao cumprir a tarefa, tem uma sensação boa. Você se enxerga como um vencedor e experimenta uma onda de energia, entusiasmo e autoestima. E, quanto mais importante a tarefa, mais feliz, confiante e poderoso você se sente em relação a si mesmo e a seu mundo.

A finalização de uma tarefa importante proporciona a liberação de *endorfinas* no cérebro. A onda de endorfina também faz você se sentir mais positivo, atraente, criativo e confiante.

Desenvolva um vício positivo

Esse é um dos maiores segredos para alcançar o sucesso. Nas condições que acabei de descrever, você pode ficar viciado nas "endorfinas da finalização" e nas sensações de lucidez, confiança e competência que elas proporcionam. Quando adquire esse vício, inconscientemente você começa a se organizar de forma a começar e concluir tarefas e projetos cada vez mais importantes. Num sentido muito positivo, você de fato ficará viciado em alcançar suas metas e oferecer sua contribuição.

Assim, um dos segredos para viver uma vida fantástica, ter uma carreira bem-sucedida e se sentir bem consigo mesmo é criar o hábito de começar e terminar trabalhos relevantes. Ao fazer isso, esse comportamento se fortalece, e você passa a ter mais facilidade para finalizar as tarefas importantes do que para simplesmente deixá-las por fazer.

Sem atalhos

A prática é a chave para alcançar o domínio de qualquer habilidade. Por sorte, sua mente é como um músculo: quanto mais você a utiliza, mais forte e capaz ela se torna. Por meio da prática, você pode aprender qualquer comportamento e desenvolver quaisquer hábitos desejáveis ou necessários.

Os três Ds da formação de hábitos

Para criar os hábitos do foco e da concentração, você precisa internalizar três qualidades fundamentais: decisão, disciplina e determinação.

Primeiro, tome a *decisão* de se habituar a finalizar suas tarefas. Segundo, tenha *disciplina* para praticar repetidamente os princípios que está prestes a aprender até se tornarem automáticos. Terceiro, sustente tudo o que você faz com *determinação*, até que o hábito esteja incorporado à sua personalidade e se torne parte permanente dela.

Crie uma imagem daquilo que você deseja ser

Uma forma de acelerar seu progresso e se tornar a pessoa produtiva e eficaz que você deseja ser é pensar sempre nas recompensas e nos benefícios de ser alguém focado, dinâmico e ativo. Passe a se enxergar como o tipo de profissional que cumpre tarefas importantes rápido e com competência.

A imagem mental que você cria de si exerce um efeito poderoso sobre seu comportamento. Enxergue em si mesmo a pessoa que pretende ser. Sua autoimagem, a maneira como você se vê, determina em grande parte seu desempenho. Todas as melhorias em sua vida *exterior* começam com melhorias no *interior*, na imagem que você cria de si.

Você tem uma capacidade praticamente infinita de aprender e desenvolver hábitos e habilidades. Quando usa a repetição e a prática para superar a procrastinação e cumprir rapidamente as tarefas mais importantes, está pisando fundo no acelerador e alcançando seu potencial máximo.

Capítulo 1
Defina seu propósito

> Para vencer, é preciso ter algumas qualidades: clareza de propósito, conhecimento do que se quer e um desejo insaciável de alcançar seu objetivo.
>
> NAPOLEON HILL

Antes de definir qual é sua tarefa mais importante e começar a executá-la, você precisa decidir o que deseja conquistar em cada área de sua vida. Talvez a clareza de propósito seja o conceito fundamental para aumentar a produtividade pessoal. A principal razão de algumas pessoas concluírem seus projetos com maior rapidez é o fato de saberem perfeitamente quais são suas metas e não se desviarem delas. Quanto mais claro você enxergar o que deseja e as etapas necessárias para alcançar seu objetivo, mais fácil será superar a procrastinação e finalizar até as tarefas mais complexas.

Os principais motivos para a procrastinação e a desmotivação são a imprecisão nos dados, a confusão e a falta de objetividade sobre o que você está tentando fazer, em que ordem e por que motivo. Para evitar essa situação tão comum, torne suas metas e suas tarefas o mais claras possível.

Uma ótima regra para o sucesso: Passe tudo para o papel.

Apenas cerca de 3% dos adultos passam seus objetivos para o papel. Esses costumam realizar de 5 a 10 vezes mais tarefas que pessoas com grau de instrução e capacidade iguais (ou mesmo indivíduos mais instruídos e capacitados) mas que não escrevem o que exatamente desejam alcançar.

Existe uma fórmula valiosa para estabelecer e alcançar objetivos. Consiste de sete passos simples. Cada passo pode dobrar ou triplicar sua produtividade. Com esse método, muitos de meus alunos aumentaram sua renda em poucos anos, ou até meses.

1º passo: *Determine exatamente o que você quer*. Decida por si mesmo ou sente-se com seu chefe e discuta com ele seus objetivos até ter certeza do que se espera de você e do que é prioridade. É incrível como muitas pessoas trabalham com dedicação em tarefas sem importância, dia após dia, porque não tiveram essa discussão fundamental com seus gestores.

Uma das piores formas de usar o tempo
é fazer muito bem algo que não precisa ser feito.

Segundo Stephen Covey, "Se a escada para o sucesso não está apoiada na parede certa, os degraus que subimos nos levam cada vez mais rápido para o destino errado".

2º passo: *Escreva o que você deseja alcançar*. Pense por escrito. Ao passar seus objetivos para o papel, você os cristaliza, os torna tangíveis, cria algo que pode ser visto e tocado. Uma meta não escrita não passa de um desejo ou uma fantasia. Não há energia por trás dela. Objetivos não escritos causam confusão, imprecisão, desorientação e erros.

3º passo: *Estabeleça um prazo para seu objetivo; se necessário, divida-o em etapas menores*. Uma meta sem data-limite não tem urgência, início nem fim. Sem um prazo definido e sem atribuição de responsabilidades específicas, você procrastinará naturalmente e realizará pouco.

4º passo: *Prepare uma lista de tudo o que você acha que precisará fazer para alcançar seu objetivo*. Sempre que pensar em alguma nova atividade que contribuirá para a conclusão de sua meta, acrescente-a à lista. Faça isso até ter certeza de que não está faltando nada. Essa lista lhe proporcionará uma imagem visual da tarefa ou do objetivo maior, lhe dará um caminho a percorrer e, tendo em vista que você mesmo o definiu e o planejou, aumentará sua chance de alcançar o objetivo.

5º passo: *Transforme a lista num plano organizado*. Liste as atividades por ordem de prioridade. Separe alguns minutos para decidir o que você precisa fazer primeiro e o que pode ficar para depois. Melhor: desenhe seu plano, na forma de uma série de quadros e círculos no papel, com setas mostrando a relação entre todas as atividades. Você se surpreenderá ao descobrir como é mais fácil alcançar o objetivo quando ele é desmembrado em tarefas individuais.

6º passo: *Coloque seu plano em ação imediatamente*. Ponha a mão na massa. Comece a fazer algo. Um plano mediano executado com determinação é bem melhor que um plano brilhante nunca posto em prática. Para ter sucesso, executar é fundamental.

7º passo: *Todos os dias, faça algo que o aproxime de seu objetivo principal*. Inclua a atividade em sua programação diária. Pode ser ler um número específico de páginas sobre um tema importante, ligar para clientes em potencial ou clientes de fato, ir à academia ou aprender determinado número de palavras de uma língua estrangeira. Seja qual for a tarefa, não deixe de realizá-la um dia sequer.

Siga em frente, sempre. Quando começar, não pare. Essa postura por si só pode aumentar sua produtividade pessoal e reduzir muito o tempo necessário para alcançar seu objetivo.

O poder dos objetivos escritos

Ao passar seus objetivos para o papel, você motiva a si mesmo e se induz à ação, estimula sua criatividade, libera sua energia e combate a procrastinação. Quanto maiores e mais claros forem, mais estimulado você se sentirá para realizá-los. Quanto mais você pensar neles, maior será seu impulso interno e sua vontade de cumpri-los.

Pense em seus objetivos, revise-os diariamente e, logo pela manhã, dê prosseguimento à principal tarefa que você pode realizar para se aproximar da linha de chegada.

PARA AUMENTAR A PRODUTIVIDADE

1. Pegue uma folha de papel e elabore uma lista com 10 objetivos que você deseja alcançar em um ano. Escreva-os como se esse tempo já tivesse se passado e eles fossem uma realidade. Use a primeira pessoa do singular e um tom positivo, para fazer com que os itens sejam imediatamente aceitos por seu inconsciente. Por exemplo, você pode escrever. "Estou ganhando X por ano", "Estou pesando X quilos" ou "Moro num lindo apartamento no bairro X".
2. Revise a lista e selecione a meta que, se alcançada, causará o maior impacto positivo em sua vida. Escreva-a numa folha à parte, estabeleça um prazo final, trace um plano e a cada dia faça alguma coisa que o aproxime dessa meta. Esse exercício por si só pode mudar sua vida.

Capítulo 2
Planeje cada dia

Planejar é trazer o futuro para o presente
de modo a fazer algo a respeito agora.

ALAN LAKEIN

Uma das melhores técnicas para concluir as tarefas mais difíceis é dividi-las em atividades específicas e começar pela primeira.

Sua capacidade de pensar, planejar e tomar decisões é seu instrumento mais valioso para afastar a procrastinação e aumentar a produtividade. Estabelecer metas, elaborar planos e dar andamento a eles determina o curso de sua vida. O simples ato de pensar e planejar desbloqueia sua força mental, aciona sua criatividade e aumenta suas energias mentais e físicas.

Como escreveu Alec Mackenzie, "Agir sem refletir é uma das nossas maiores fontes de problemas".

Sua capacidade de planejar bem a ação é a medida de sua competência. Quanto melhor seu plano, mais fácil será superar a procrastinação, pôr a mão na massa, resolver o problema mais difícil e seguir em frente.

Aumente o retorno da energia que você investe

Um dos seus principais objetivos profissionais deve ser obter o maior retorno possível de seu investimento em energia mental, emocional e física. A boa notícia é que cada minuto gasto com planejamento economiza pelo menos 10 minutos de execução.

Com a prática, aprendemos a levar apenas de 10 a 12 minutos para planejar o dia, um pequeno investimento de tempo que poupa até duas horas que seriam perdidas em esforços inúteis. Considerando o impacto positivo que o planejamento pode exercer na produtividade e no desempenho, surpreende-me saber que poucas pessoas organizam o dia a dia com antecedência, sobretudo sabendo que se trata de uma atividade muito simples.

Basta você parar o que está fazendo por alguns minutos, pensar no que precisa realizar naquele dia, organizar as tarefas mentalmente e então passar sua programação para o papel – ou para algum meio digital, se for o caso. Não importa se você usa agendas físicas ou planners, aplicativos ou calendários on-line. O princípio é o mesmo para todos.

Duas horas a mais

Não desvie o foco da lista. Quando surgir um item novo, acrescente-o a ela antes de executá-lo. Com essa técnica, é possível aumentar sua produtividade em pelo menos 25% – cerca de duas horas por dia.

O ideal é preparar a lista na noite anterior ao dia de trabalho. Anote as tarefas que não conseguiu realizar no dia que passou e acrescente o que precisará fazer no dia seguinte. Se você adotar essa postura, seu subconsciente trabalhará na lista a noite toda, enquanto você dorme. Como resultado, muitas vezes você acordará com ótimas ideias que poderão tornar seu trabalho mais veloz e eficaz. Quanto mais tempo você levar elaborando a lista, mais eficiente ela será.

Diferentes listas para diferentes metas

Cada meta requer uma lista. Primeiro, crie uma *lista principal*, com todas as tarefas em que conseguir pensar ou que deseja realizar em algum momento. Essa é a hora de incluir qualquer ideia, objetivo, tarefa ou responsabilidade que surgir na sua cabeça. Você pode ordenar os itens depois.

Segundo, ao fim do mês prepare uma *lista mensal*, acrescentando o que sobrou do mês anterior para planejar o máximo possível. Ou seja, transfira os itens não concluídos.

Terceiro, prepare uma lista *semanal*, com o planejamento da semana inteira. Ela ainda terá espaço para mudanças, e você poderá detalhá-la ao longo dos dias.

A disciplina para realizar um planejamento sistemático pode se mostrar bastante útil. Já ouvi muita gente dizer que o hábito de reservar algumas horas do fim de semana para planejar a semana seguinte não só aumentou sua produtividade como mudou sua vida. Essa técnica funcionou para eles e funcionará para você.

Por fim, transfira itens de suas listas mensal e semanal para a lista diária, com as atividades específicas planejadas para o dia seguinte. Risque os itens assim que concluí-los. Isso lhe proporcionará uma visão geral das realizações e uma sensação de sucesso e avanço. Ver a lista diminuir nos dá motivação e energia e aumenta a autoestima e o amor-próprio. Quando o progresso é visível, ficamos mais motivados a superar a procrastinação.

Planejando um projeto

Quando você tem qualquer tipo de projeto em mãos, seu primeiro passo deve ser preparar uma lista de etapas que precisará completar para realizar o trabalho do começo ao fim. Organize-as por ordem de prioridade. Abra o projeto completo na sua frente (no papel, em um aplicativo ou programa de computador específico), de modo a ver todas as etapas e tarefas. Então, comece a realizar cada tarefa em sequência. Você se surpreenderá com a quantidade de coisas que consegue fazer usando esse método.

Ao concluir as tarefas da lista, você se sentirá mais eficiente e poderoso, no controle de sua vida. Ficará naturalmente motivado a fazer mais. Além disso, passará a raciocinar melhor e de maneira mais criativa e terá ideias que o capacitarão a realizar seu trabalho com maior rapidez.

Uma das regras mais importantes da eficiência pessoal é o Princípio 10/90, segundo o qual os primeiros 10% do tempo gastos com o planejamento e a organização do trabalho antes de pôr a mão na massa resulta numa economia de 90% do tempo para realizá-lo. Basta testar esse princípio uma vez para comprovar sua eficácia.

Quando você planeja cada dia, percebe que ele se torna muito mais produtivo, pois o trabalho passa a ser feito com maior agilidade e desembaraço.

PARA AUMENTAR A PRODUTIVIDADE

1. Comece hoje mesmo a planejar o dia, a semana e o mês (use uma folha de papel ou um meio digital). Elabore uma lista com tudo o que você precisa fazer. Acrescente os itens que forem surgindo no caminho. Crie também uma lista com todos os seus principais projetos, os trabalhos mais complexos e importantes para seu futuro.
2. Organize seus principais objetivos, projetos e tarefas por ordem de *prioridade*, partindo do essencial e acabando no que for menos importante. Ponha suas ideias no papel ou em dispositivos digitais e trabalhe sempre com base em uma lista. Você se surpreenderá com o aumento de produtividade e com a facilidade que terá para resolver os problemas mais difíceis.

Capítulo 3
Aplique o Princípio 80/20

Sempre temos tempo suficiente se o usamos corretamente.

JOHANN WOLFGANG VON GOETHE

Também conhecido como Princípio de Pareto (em homenagem ao economista italiano Vilfredo Pareto, que o criou em 1895), o Princípio 80/20 é o mais útil dos conceitos de gerenciamento do tempo e da vida. Pareto percebeu que a sociedade parecia se dividir naturalmente entre os indivíduos que denominou os "poucos essenciais" (os 20% mais ricos e influentes) e os "muitos triviais" (os 80% restantes).

Tempos depois, Pareto concluiu que praticamente todas as atividades econômicas também se sujeitavam a essa regra. O princípio diz, por exemplo, que 20% de suas atividades representam 80% de seus resultados, 20% de seus clientes equivalem a 80% de suas vendas, 20% de seus produtos ou serviços garantem 80% de seus lucros. Em suma, 20% de suas tarefas representam 80% do valor de tudo o que você faz. Aplicando esse princípio às tarefas do dia a dia, em uma lista de 10 itens, mesmo que todas as atividades demorem o mesmo tempo para serem realizadas, duas delas valerão muito mais do que as outras oito juntas, e pode acontecer até de um só item da lista valer mais do que os outros nove reunidos. Quando isso acontece, a tarefa de maior valor é, invariavelmente, aquela que você precisa resolver primeiro.

Infelizmente, a maioria das pessoas procrastina na hora de encarar os itens mais valiosos e importantes da lista, os que se enquadram nos "poucos essenciais". Em vez disso, ocupam-se com os objetivos menos importantes, os "muitos triviais", que em quase nada contribuem para seus resultados.

Foco na atividade, não na realização

Às vezes vemos pessoas que parecem ocupadas o dia inteiro, mas que pouco realizam. Isso quase sempre acontece porque estão trabalhando nas tarefas menos importantes e procrastinam as que, se finalizadas com rapidez e competência, poderiam fazer a diferença para a empresa e até para a própria carreira.

As atividades mais valiosas que você pode realizar são quase sempre as mais difíceis e complexas, mas, quando concluídas com eficiência, o resultado e as recompensas podem ser enormes.

Portanto, recuse-se terminantemente a trabalhar nas tarefas que fazem parte dos 80% menos importantes enquanto os 20% essenciais continuarem em aberto.

Antes de começar a trabalhar, pergunte-se: "Esta tarefa está dentro dos 20% mais importantes ou nos outros 80%?"

Regra: Resista à tentação de resolver as pequenas coisas primeiro.

Lembre-se: tudo o que você faz repetidas vezes se torna um hábito. Se você começar o dia realizando tarefas banais, desenvolverá o hábito de cumprir sempre as menos importantes primeiro. Não é esse o tipo de hábito que você quer desenvolver. Tarefas de baixo valor são como coelhos: reproduzem-se sem parar. Você nunca ficará em dia com elas.

A parte mais difícil de qualquer tarefa importante é começá-la. Quando você dá o pontapé inicial, sente-se naturalmente motivado a continuar. Parte de sua mente adora se ocupar de atividades que podem fazer a diferença. Procure sempre alimentar essa parte do cérebro.

Motive-se

Só de *pensar* em começar e terminar uma tarefa importante você já se sente motivado a deixar de lado a procrastinação. Na verdade, o tempo dispendido num trabalho essencial é quase sempre o mesmo gasto numa tarefa banal. A diferença é que você obtém uma grande sensação de orgulho e satisfação por realizar algo valioso e significativo. Quando conclui uma tarefa menos relevante usando o mesmo tempo e gastando a mesma energia, você obtém pouca ou nenhuma satisfação.

Gerenciar o tempo é gerenciar a vida, dominar a *sequência de acontecimentos* de seu dia a dia, ter controle sobre o que fazer depois. Você é livre para escolher a tarefa que fará a seguir, mas sua capacidade de optar pelo importante ou pelo trivial determinará seu sucesso na vida pessoal e no trabalho.

Pessoas produtivas e eficazes se disciplinam para encarar primeiro a tarefa mais importante. Elas se forçam a resolver o maior problema logo de cara, seja ele qual for. Como resultado, completam mais tarefas do que as outras pessoas e são mais felizes. Esse deve ser o seu modo de trabalhar.

PARA AUMENTAR A PRODUTIVIDADE

1. Elabore uma lista com todos os seus principais objetivos, atividades, projetos e responsabilidades atuais. Quais deles estão entre os 10% ou 20% de tarefas que representam 80% ou 90% de seus resultados?

2. Comprometa-se agora mesmo a investir mais tempo nas poucas tarefas que podem fazer a diferença em sua vida e em sua carreira e a perder menos tempo nas atividades banais.

Capítulo 4
Reflita sobre as consequências

Todo grande homem se tornou notável e todo homem de sucesso triunfou por concentrar seus pontos fortes em um canal específico.

ORISON SWETT MARDEN

A marca de um grande pensador é sua capacidade de prever com exatidão as consequências de uma ação, pois as consequências potenciais de qualquer atividade determinam a verdadeira importância dela para você e para sua empresa. Pré-avaliar o significado de uma tarefa é descobrir qual será seu próximo grande desafio.

Depois de mais de 50 anos de pesquisas, o Dr. Edward Banfield, cientista político de Harvard, concluiu que o cálculo da "capacidade de perspectiva de longo prazo" é a previsão mais precisa de ascensão social e mobilidade econômica nos Estados Unidos. Ou seja, mais importante que a origem familiar, a educação, a etnia, o nível de inteligência, as conexões ou qualquer outro fator, o que determina o sucesso na vida e no trabalho é a capacidade de pensar nos projetos sempre em termos de longo prazo.

A forma de lidar com o tempo é outro fator preponderante no seu comportamento e nas suas escolhas. Quem se dedica a pensar na vida pessoal e na carreira em termos de acontecimentos no longo prazo parece tomar decisões mais acertadas sobre o emprego do tempo e a priorização de atividades do que quem não pensa muito no futuro.

> Regra: Pensar nos projetos em termos de longo prazo melhora a tomada de decisão no curto prazo.

Pessoas bem-sucedidas são claramente *voltadas para o futuro*. Pensam 5, 10, 20 anos à frente, analisam suas opções e seus comportamentos atuais para se certificar de que estão agindo de acordo com o futuro que desejam.

Tome decisões mais acertadas sobre o uso do tempo

No trabalho, ter uma ideia clara do que é importante no longo prazo facilita a tomada de decisões sobre o que é relevante no curto prazo.

Por definição, algo importante oferece consequências potenciais de longo prazo, ao passo que algo sem importância tem pouca ou nenhuma consequência potencial de longo prazo. Antes de começar a se dedicar a uma tarefa, pergunte-se: "Quais são as consequências potenciais de realizar ou não esta tarefa?"

> Regra: A intenção futura influencia e muitas vezes determina as ações do presente.

Quanto mais claras são suas intenções, mais elas influenciam suas ações e maior sua capacidade de avaliar se uma atividade está de acordo com o caminho que você deseja seguir.

Pense no longo prazo

Pessoas bem-sucedidas estão dispostas a atrasar a gratificação e a se sacrificar no curto prazo para desfrutar recompensas maiores no longo prazo. Já as malsucedidas pensam na satisfação imediata e não dão importância ao longo prazo.

Segundo Denis Waitley, palestrante motivacional, "Os perdedores tentam fugir de seus medos e do trabalho duro recorrendo a atividades que aliviem a tensão. Já os vencedores ficam mais motivados recorrendo a atividades que os aproximem de seus objetivos". O esforço de chegar ao trabalho mais cedo, ler textos sobre sua área de atuação, participar de cursos para aprimorar suas técnicas e se concentrar nas tarefas mais importantes acaba exercendo um enorme impacto positivo em seu futuro. Por outro lado, chegar atrasado, ficar lendo bobagens, bebendo café e batendo papo o tempo todo com os colegas de trabalho pode parecer divertido e prazeroso no curto prazo, mas levará a um desempenho aquém do esperado, que por sua vez afastará a chance de promoções e causará frustrações.

Se uma tarefa pode ter consequências altamente positivas, torne-a sua prioridade e comece-a o quanto antes. Do mesmo modo, se uma tarefa pode ter graves consequências negativas caso não seja concluída com rapidez e qualidade, ela também se torna prioridade. Qualquer que seja a tarefa essencial que você precise cumprir, encare-a antes de todas as outras.

Motivação exige *motivo*. Quanto maior o possível impacto positivo de uma ação ou uma mudança de comportamento, mais motivado você se sente para superar a procrastinação e arregaçar as mangas. Mantenha o foco e cumpra as tarefas que podem fazer a diferença para sua empresa e seu futuro.

O dia tem apenas 24 horas, não importa o que você faça. O importante é como usar o seu tempo e em que situação você se encontrará ao fim das semanas e dos meses. Isso vai depender, acima de tudo, da atenção que você presta às prováveis consequências de suas ações no curto prazo. Pensar nos potenciais efeitos de suas escolhas, decisões e posturas é uma das melhores maneiras de determinar suas verdadeiras prioridades.

Obedeça à Lei da Eficiência Forçada

A Lei da Eficiência Forçada diz que "Nunca há tempo para fazer tudo, mas sempre há tempo para fazer o mais importante". Em outras palavras, você não conseguirá cumprir todas as tarefas, mas pode se livrar da maior delas, e isso será suficiente, pelo menos por enquanto.

Quando o prazo está curto e você sabe que as consequências de não finalizar uma tarefa ou um projeto importante podem ser graves, parece que sempre há tempo para concluí-la, mesmo que às vezes seja só no último segundo. Você dá seu jeito de chegar cedo, fica até tarde e se concentra no trabalho, em vez de enfrentar o aborrecimento de não terminá-lo no prazo previsto.

> Regra: Nunca haverá tempo suficiente para você fazer tudo o que precisa.

Hoje em dia, as pessoas trabalham a um ritmo entre 10% e 30% acima de sua capacidade, sobretudo um gerente em tempos de corte de pessoal. E os trabalhos e as responsabilidades simplesmente continuam se multiplicando. Todos temos pilhas de materiais para ler. Somando-se a vida profissional à pessoal, muitas pessoas precisariam despender centenas de horas para dar cabo de suas leituras e seus projetos acumulados.

Isso significa que você nunca vai zerar essa conta. Tudo o que você pode desejar é estar em dia com suas maiores responsabilidades. As outras simplesmente terão que esperar.

Os prazos são uma desculpa

Muitas pessoas dizem que trabalham melhor sob a pressão dos prazos. No entanto, infelizmente anos de pesquisas indicam que isso quase nunca é verdade.[1]

Sob a pressão de um prazo, muitas vezes criada pela procrastinação, as pessoas ficam mais estressadas, cometem mais erros e precisam refazer mais tarefas. Com frequência, esses erros geram problemas de execução e estouros de orçamento que provocam perdas financeiras significativas. Às vezes, um trabalho demora mais porque as pessoas correm para entregá-lo no último minuto e depois precisam refazê-lo.

O ideal é planejar sua agenda e reservar um período ao final do projeto para compensar atrasos e problemas inesperados. Não importa quanto você acha que vai demorar para terminar uma tarefa: só por garantia, calcule que levará pelo menos 20% a mais de tempo ou estimule-se a terminá-la bem antes do prazo. Somos muito mais eficientes quando trabalhamos exclusivamente na tarefa mais importante. Você se surpreenderá com a sensação de relaxamento e com a qualidade do trabalho realizado.

Três perguntas para a produtividade máxima

Existem três perguntas que você pode se fazer regularmente para manter o foco na realização da tarefa mais importante dentro do prazo. A primeira é: *Quais das minhas atividades trarão os melhores resultados?* Em outras palavras, quais os piores problemas que você precisa resolver para oferecer a máxima contribuição para sua empresa, sua família ou sua vida de maneira geral?

Antes de tudo, reflita sobre as possibilidades. Depois, pergunte a seus chefes, colegas de trabalho, subordinados, amigos e familiares. Tal qual o ajuste do foco de uma câmera, você precisa enxergar suas atividades mais valiosas com toda a nitidez antes de começar a trabalhar.

A segunda pergunta que você pode fazer é: *O que só eu posso realizar com qualidade para fazer uma grande diferença?* Quem pensou nessa pergunta foi o falecido Peter Drucker, o guru da administração. Trata-se de uma das perguntas essenciais para alcançar a máxima eficiência pessoal.

A resposta será uma atividade que só você pode executar e que, se não a fizer, ninguém será capaz de fazer. Por outro lado, se você realizá-la com qualidade, estará fazendo a diferença para sua vida e sua carreira.

Sempre que se fizer essa pergunta, procure obter uma resposta precisa. Sua função é saber a resposta exata e trabalhar nessa tarefa antes de qualquer outra.

A terceira pergunta é: *Neste momento, de que forma posso usar meu tempo de maneira mais útil?* Ou, em outras palavras: "Qual é a tarefa mais importante que preciso encarar agora?"

Essa é a questão fundamental do gerenciamento do tempo. Respondê-la corretamente é o segredo para superar a procrastinação e se tornar uma pessoa altamente produtiva. Sempre há uma tarefa mais importante a ser realizada. Faça essa pergunta a si mesmo repetidas vezes e concentre-se na resposta. E lembre-se do que disse Goethe: "As coisas mais fundamentais nunca devem ficar à mercê das que não fazem diferença."

Quanto mais precisas forem suas respostas a essas três perguntas, mais fácil será estabelecer prioridades claras, superar a procrastinação e iniciar a atividade que representa o uso mais inteligente de seu tempo.

PARA AUMENTAR A PRODUTIVIDADE

1. Revise sua lista de tarefas, atividades e projetos com regularidade, sempre com a seguinte pergunta em mente: "O que terá mais consequências positivas em meu trabalho ou minha vida pessoal?"
2. Determine a tarefa mais importante e discipline-se a buscar de maneira contínua o uso mais produtivo de seu tempo. Atualmente, que tarefa é essa? Seja qual for a resposta, defina-a como um objetivo, planeje-se para realizá-la e ponha a mão na massa imediatamente. Lembre-se das palavras de Goethe: "Basta se engajar, e sua mente dará a partida. Comece, e o trabalho será concluído."

Capítulo 5
Pratique a procrastinação criativa

> Separe um tempo do dia para realizar as tarefas importantes. Planeje seu volume de trabalho diário com antecedência. Selecione as atividades menores que precisam ser feitas imediatamente assim que chegar ao escritório. Depois, vá direto para as grandes tarefas e só pare quando terminá-las.
>
> BOARDROOM REPORTS

A procrastinação criativa é uma das técnicas mais eficientes de aprimoramento do desempenho pessoal. Ela pode mudar sua vida por completo.

O fato é que, como não pode concluir todas as tarefas, *alguma coisa* você precisa procrastinar. Evite as tarefas menores, menos importantes. Primeiro, encare as maiores.

Todo mundo procrastina. Um bom funcionário se diferencia dos demais, em grande parte, pela capacidade de escolher bem aquilo que irá procrastinar.

Portanto, procrastine, delegue ou simplesmente elimine da sua lista de afazeres as tarefas que pouco contribuem para sua vida.

Prioridades versus posterioridades

Estabelecer as prioridades adequadas é definir o que ficará para depois. A lógica é simples: *prioridade* é a tarefa à qual você dá atenção e realiza primeiro, ao passo que *posterioridade* é algo a que você se dedica menos e que deixa para depois.

> Regra: Livre-se das atividades sem importância, para controlar seu tempo e sua vida.

A palavra "não" é uma das mais poderosas no âmbito do gerenciamento do tempo. Diga-a com clareza, para não haver mal-entendidos, e sempre que necessário. Incorpore-a ao seu vocabulário.

Certa vez perguntaram a Warren Buffett, um dos homens mais ricos do mundo, qual era o segredo de seu sucesso. Ele respondeu: "É simples. Eu digo *não* a tudo que não seja absolutamente essencial no momento."

Recuse-se a fazer qualquer atividade que não represente o uso mais produtivo de seu tempo e sua vida. Seja delicado, mas firme, para não acabar concordando em fazer algo contra sua vontade. Lembre-se de que você não tem tempo de sobra e que sua agenda está cheia. Para fazer algo novo, você precisa terminar ou parar de fazer algo velho. Para uma atividade entrar em sua agenda, é preciso que outra saia.

A procrastinação criativa é, portanto, o ato de decidir com cuidado, mas de maneira definitiva, o que você não fará agora, se é que algum dia fará.

Procrastine de propósito

A maior parte das pessoas procrastina de maneira *inconsciente*, sem refletir sobre o que deixa de fazer. Como resultado, elas não

41

concluem as tarefas importantes, aquelas que trazem consequências significativas e de longo prazo. É fundamental evitar essa tendência tão comum.

Se você deseja ter mais tempo para as tarefas importantes, adie as mais banais. Para isso, sempre revise suas obrigações e responsabilidades. Assim você identificará as atividades que exigem mais tempo e as que você pode abandonar sem maiores consequências.

Como exemplo, cito o caso de um amigo que era um ávido jogador de golfe quando solteiro. Ele jogava três ou quatro vezes por semana, até quatro horas por dia. Ao longo dos anos, abriu uma empresa, casou-se e teve dois filhos, mas continuou jogando com a mesma frequência, até perceber que o tempo gasto no golfe estava aumentando seu estresse em casa e no trabalho. Somente reduzindo de forma significativa o tempo gasto na atividade esportiva ele poderia recuperar o controle de sua vida. E foi o que fez. Passou a ir apenas uma vez por semana ao clube de golfe e transformou sua vida para melhor, sobretudo em casa.

Defina o que não é prioridade

Revise de maneira contínua suas tarefas em casa e no trabalho e descubra quais você pode abandonar. Diminua o tempo de TV e internet e comece a passar mais tempo com a família, lendo, exercitando-se ou realizando qualquer atividade que lhe proporcione qualidade de vida.

Analise seus compromissos profissionais e identifique quais tarefas você pode delegar ou simplesmente eliminar, a fim de liberar mais tempo para o trabalho de fato importante. Comece agora mesmo a praticar a procrastinação criativa. Estabeleça o que vai ficar para depois. Essa decisão pode lhe devolver o controle sobre seu tempo e sua vida.

PARA AUMENTAR A PRODUTIVIDADE

1. Imagine-se recomeçando do zero em todos os aspectos de sua vida e pergunte-se: "Se já não fizesse essa atividade há tanto tempo e se na época em que comecei tivesse os conhecimentos que tenho hoje, eu a adotaria em minha vida novamente?" Se a resposta for não, você está diante de um candidato perfeito para a eliminação ou a procrastinação criativa.

2. Avalie todas as suas atividades pessoais e profissionais com base em sua situação atual. Abandone pelo menos uma imediatamente — ou pelo menos a adie até alcançar seus objetivos mais importantes.

Capítulo 6
Use o Método ABCDE

A primeira lei do sucesso é a concentração. Direcione todas as energias para um ponto e vá direto a ele, sem olhar para os lados.
WILLIAM MATHEWS

Quanto mais você planejar e estabelecer prioridades, mais rápido concluirá as tarefas e melhor qualidade imprimirá a elas. E, quanto mais importante a tarefa, maior a chance de você se motivar a superar a procrastinação e começar a executá-la.

O Método ABCDE é uma técnica poderosa que lhe permite estabelecer prioridades no dia a dia. É tão simples e eficaz que, por si só, pode tornar você uma das pessoas mais eficientes em sua área de atuação.

Ponha seus pensamentos no papel

O poder dessa técnica reside em sua simplicidade. Ela funciona da seguinte forma: você cria uma lista de tudo o que precisa fazer ao longo do dia. Em seguida, antes de começar a primeira tarefa, escreve a letra A, B, C, D ou E ao lado de cada item.

Um item A é definido como algo fundamental, que você *precisa* fazer e acarretará consequências sérias, sejam positivas ou negativas, de acordo com seu desempenho. Pode ser a visita a um cliente importante ou a finalização de um relatório que seu chefe deve ler para a próxima reunião.

Se você tem mais de uma tarefa A, precisa organizá-las por prioridade. Para isso, numere as tarefas A de acordo com a prioridade: A-1, A-2, A-3, etc., sendo a tarefa A-1 a mais importante.

"Deveria" versus "Preciso"

Entre os itens B estão as tarefas que você *deveria* fazer, mas que geram consequências menos graves – não são cruciais. Talvez alguém se incomode se você não realizar uma tarefa B, mas o impacto disso é bem menor que a procrastinação de uma tarefa A. Retornar um telefonema sem importância ou revisar um e-mail antes de enviar são atividades B.

A regra é nunca realizar uma tarefa B enquanto houver uma tarefa A por terminar. Não se distraia com problemas sem importância enquanto você ainda precisar cumprir uma tarefa fundamental.

A tarefa C é aquela que seria *interessante* realizar, mas que, em última análise, não faz a menor diferença caso não seja feita. Por exemplo: telefonar para um amigo que você vê sempre, almoçar com um colega de trabalho ou resolver algum problema pessoal sem importância no escritório – atividades que não têm grande impacto na vida profissional.

A tarefa D é aquela que pode ser *delegada*. A regra é delegar tudo que você puder e ficar livre para as tarefas A que somente você pode cumprir.

A tarefa E é aquela que pode ser eliminada. Talvez seja algo que já foi importante mas que não tem mais relevância. Muitas vezes é uma atividade que você continua fazendo por hábito ou gosto. No entanto, cada minuto gasto numa tarefa E é tempo tirado de uma tarefa A.

Depois de aplicar o Método ABCDE em sua lista, você estará organizado e pronto para realizar com maior rapidez o que de fato importa.

Execute imediatamente

O segredo para aplicar o Método ABCDE é ter disciplina e força de vontade para começar imediatamente a tarefa A-1 e permanecer com ela até finalizá-la.

A capacidade de analisar sua lista de tarefas e definir prioridades é o trampolim para realizações mais importantes e para aumentar sua autoestima e seu amor-próprio. Quando você cria o hábito de se concentrar na atividade A-1, passa a concluir as tarefas antes das outras pessoas ao seu redor. Você faz mais em menos tempo.

> **PARA AUMENTAR A PRODUTIVIDADE**
>
> **1.** Revise sua lista de atividades e escreva as letras A, B, C, D ou E ao lado de cada uma. Determine seu projeto A-1 e comece a realizá-lo imediatamente.
>
> **2.** Durante um mês, antes de começar a trabalhar, aplique o Método ABCDE diariamente em todas as suas listas de tarefas ou projetos. Nesse período, você desenvolverá o hábito de definir as tarefas mais importantes e trabalhar nelas com exclusividade.

Capítulo 7
Concentre-se nas áreas que geram resultados fundamentais

Quando você concentra todos os seus recursos físicos e mentais, sua capacidade de resolver problemas se multiplica.
NORMAN VINCENT PEALE

"Por que estou na folha de pagamento?" Essa é uma das perguntas mais importantes que você pode se fazer ao longo da carreira.

Na verdade, a maioria das pessoas não sabe ao certo por que continua empregada. Se você também não sabe e tem dúvidas sobre quais resultados é pago para alcançar, acaba tendo dificuldades para dar o seu melhor, conseguir um aumento e receber uma promoção rapidamente.

Você foi contratado para obter resultados específicos. O salário é o pagamento por uma quantidade e uma qualidade de trabalho que pode ser combinada ao trabalho de outras pessoas para criar um produto ou serviço pelos quais os clientes estão dispostos a pagar.

Seu trabalho pode ser dividido entre cinco e sete áreas de resultados-chave (raramente mais do que isso). É nessas áreas que você precisa alcançar resultados específicos e fundamentais para cumprir com suas responsabilidades e dar a contribuição máxima para a empresa.

As áreas de resultado-chave são aquelas de sua total responsabilidade, cujas tarefas só você pode realizar. Ou seja, são atividades sob seu controle, que geram informações ou fatos dos quais depende o trabalho de outros colegas.

As áreas de resultados-chave lembram as funções vitais do corpo, como a pressão arterial, os batimentos cardíacos, a frequência respiratória e a atividade cerebral: a ausência de qualquer uma dessas funções vitais provoca a morte do organismo. De maneira análoga, seu fracasso numa dessas áreas pode causar sua demissão.

As sete grandes áreas em gestão e vendas

No campo da gestão, as áreas de resultados-chave são o planejamento, a organização, o trabalho em equipe, a delegação de tarefas, a supervisão, a medição dos resultados e os relatórios. É nelas que um gerente precisa obter bons resultados para ser bem-sucedido. Uma falha em uma só dessas áreas pode acarretar um mau desempenho e o fracasso profissional.

Já em vendas, as áreas de resultados-chave são a prospecção, o desenvolvimento de uma relação de afinidade e confiança com o cliente, a identificação de necessidades, uma apresentação convincente, a capacidade de resposta a objeções, o fechamento de vendas e a obtenção de revendas e referências. Como na gestão, um baixo desempenho em qualquer uma dessas áreas pode causar a queda no volume de vendas e o fracasso do vendedor.

Seja qual for sua área de atuação, para realizar seu trabalho com excelência é preciso possuir determinadas habilidades essenciais. E essas demandas estão sempre mudando. Você já desenvolveu competências fundamentais que possibilitam a realização do trabalho. No entanto, certos resultados-chave são centrais para seu trabalho e determinam seu sucesso ou fracasso. Quais são eles?

Ter clareza é essencial

O ponto de partida de um ótimo desempenho é a identificação das áreas de resultados-chave. Discuta-as com seu chefe, elabore uma lista das responsabilidades que geram os resultados mais importantes e certifique-se de que os outros funcionários (de todos os níveis de hierarquia) estejam de acordo com ela.

Para um vendedor, por exemplo, marcar reuniões importantes é uma área de resultado-chave, pois se trata de uma atividade fundamental para todo o processo de vendas. Fechar a venda é outra área de resultados-chave. Quando concluída, a venda aciona as atividades de muitas outras pessoas, aquelas que produzem e entregam o produto ou realizam o serviço.

Para um empresário ou um executivo, a capacidade de negociar um empréstimo bancário, a contratação dos funcionários certos e a delegação eficaz de tarefas podem ser áreas de resultado-chave. Para um recepcionista ou uma secretária, organizar agendas, atender ao telefone e transferir ligações podem ser algumas dessas áreas. A capacidade de realizar essas tarefas com rapidez e eficiência determina em grande parte seu salário e suas chances de promoção.

Atribua-se uma nota

Depois de definir suas áreas de resultados-chave, o segundo passo é dar a si mesmo uma nota de 1 a 10 para cada área. Em quais delas você é forte? Em quais é fraco? Onde vem obtendo bons resultados e onde está aquém do esperado?

Regra: A área de resultado-chave em que você é mais fraco define o padrão que você pode alcançar em todas as outras áreas.

49

Ou seja: embora você seja excepcional em seis das sete áreas, um desempenho ruim numa delas vai atrapalhá-lo e nivelará por baixo quanto você conquistará com todas as outras capacidades. Esse ponto negativo funcionará como um peso em sua eficiência e será uma fonte constante de atrito e frustração.

Por exemplo, para um gerente, delegar tarefas é uma área de resultados-chave, um ponto de vantagem importante que permite gerenciar outras pessoas – obter resultados por meio das ações delas. Um gestor que não delega adequadamente é incapaz de usar seus outros talentos com máxima eficiência e pode fracassar na função.

O mau desempenho leva à procrastinação

Uma das principais razões para a procrastinação no ambiente de trabalho é o mau desempenho prévio do funcionário. Em vez de estabelecer um objetivo e elaborar um plano para se aprimorar, a maior parte das pessoas evita voltar a realizar a tarefa em que se saiu mal, o que só piora a situação.

No entanto, quanto mais você se aprimorar em uma área, mais motivado se sentirá para realizar a função, menos procrastinará e mais determinado se sentirá para finalizar o trabalho.

Todos temos pontos fortes e fracos. Recuse-se a justificar ou negar seus pontos fracos. Em vez disso, identifique-os, estabeleça o objetivo de aprimorá-los e elabore um plano para isso. Você pode estar muito perto de alcançar um desempenho excelente.

A grande pergunta

Uma das perguntas mais importantes que você pode se fazer é: *Que habilidade preciso desenvolver e realizar bem para exercer um grande impacto positivo na minha carreira?*

Essa questão deve ser o guia de sua carreira pelo resto da vida. Procure a resposta dentro de si. Talvez você já saiba qual é.

Faça essa pergunta ao chefe, aos companheiros de trabalho, aos amigos e à família. Encontre a resposta e se empenhe em elevar seu desempenho na área.

A boa notícia é que é possível *aprender* todas as habilidades profissionais. Se alguém é excelente em determinada área de resultados-chave, você também pode ser. Basta se esforçar para isso.

Uma das maneiras mais rápidas e eficazes de parar com a procrastinação e fazer mais coisas com rapidez e eficiência é alcançar a excelência nas áreas de resultados-chave. Talvez essa seja a atitude mais importante que você pode tomar em sua vida, tanto pessoal quanto profissional.

PARA AUMENTAR A PRODUTIVIDADE

1. Identifique as áreas de resultados-chave em seu cargo. Anote os resultados importantes que você precisa alcançar. Atribua-se uma nota de 1 a 10 em cada área, depois determine a habilidade fundamental que o ajudará a se sair muito melhor em sua função.
2. Mostre a lista a seu chefe e converse com ele. Peça um feedback honesto. Você só consegue evoluir quando se abre para opiniões construtivas. Converse sobre suas conclusões com sua equipe e seus colegas de trabalho. Converse também com sua família. Habitue-se a realizar essa análise regularmente ao longo de toda a sua carreira. Nunca pare de evoluir.

Capítulo 8
Aplique a Lei das Três Tarefas

Faça o que puder, com os recursos que tiver, onde estiver.
THEODORE ROOSEVELT

Existem três tarefas essenciais sob sua responsabilidade que abrangem a maior parte do valor que você agrega a sua empresa. Para atingir seu potencial máximo, é fundamental identificá-las e se concentrar nelas durante a maior parte do tempo. Permita-me contar uma história real para ilustrar o que estou sugerindo.

Três meses após sua primeira aula de coaching comigo, Cynthia contou o seguinte ao grupo:

"Quando cheguei aqui, você disse que me ensinaria a dobrar minha renda e meu tempo livre em menos de 12 meses. No início, isso me pareceu absolutamente impossível, mas eu me dispus a tentar. No primeiro dia, você pediu que eu escrevesse uma lista de tudo que tinha feito ao longo de uma semana ou de um mês. Anotei 17 tarefas sob minha responsabilidade. O problema era que eu estava sobrecarregada. Trabalhava de 10 a 12 horas por dia, seis dias por semana, e não tinha tempo para meu marido e meus dois filhos pequenos. Eu não via como escapar daquilo. Havia oito anos que eu trabalhava para uma empresa da área de tecnologia em franco crescimento, e o tempo para realizar todas as tarefas parecia nunca ser suficiente."

Uma tarefa para o dia inteiro

Cynthia continuou a história:

"Assim que elaborei a lista, você me fez a seguinte pergunta: 'Se você pudesse realizar apenas uma tarefa da lista durante o dia inteiro, qual delas seria mais relevante para sua empresa?' Identifiquei a tarefa facilmente e a circulei na folha. Você perguntou: 'Se pudesse fazer apenas mais uma tarefa, qual seria a *segunda* atividade mais importante para sua empresa?' Eu a identifiquei, e em seguida você repetiu a pergunta em relação à *terceira*. Então, disse uma coisa chocante: que 90% da minha contribuição para a empresa estava naquelas três tarefas. Todas as demais eram complementares e provavelmente poderiam ser delegadas, terceirizadas, reduzidas ou mesmo eliminadas."

Parta para a ação agora mesmo

Cynthia prosseguiu:

"Analisei as tarefas e percebi que de fato constituíam minha contribuição mais importante para a empresa. Isso aconteceu numa sexta-feira. Na segunda-feira de manhã, expliquei a descoberta ao meu chefe. Disse que precisava da ajuda dele para delegar e terceirizar quase todo o meu trabalho, exceto as três tarefas fundamentais. Eu achava que, se me concentrasse apenas nelas o dia inteiro, poderia mais que dobrar minha produtividade. Então acrescentei que, se isso acontecesse, gostaria de passar a receber o dobro do salário. Ele ficou calado. Olhou para minha lista e disse: 'Ok. Tem razão. Essas são as suas tarefas mais importantes e as que você faz melhor. Vou ajudá-la a delegar e terceirizar as menos importantes e liberá-la para trabalhar integralmente nessas três. E, se você dobrar sua eficiência, dobrarei seu salário.'"

Transforme sua vida

Cynthia concluiu a história:
"Aconteceu conforme o combinado. Ele me ajudou a delegar as tarefas menos importantes, eu me concentrei nas minhas principais atribuições, dobrei minha eficiência ao longo dos 30 dias seguintes e ele dobrou meu salário. Eu trabalhava duro havia mais de oito anos, mas dobrei minha renda em apenas um mês quando resolvi me concentrar integralmente nas minhas três tarefas mais importantes. E não foi só isso: em vez de trabalhar de 10 a 12 horas por dia, passei a chegar ao escritório às oito da manhã e sair às cinco da tarde. Além disso, agora passo as noites e os fins de semana com meu marido e meus filhos. Focar nas tarefas-chave transformou minha vida."

Talvez a palavra mais importante do mundo profissional seja *contribuição*. Suas recompensas financeiras ou emocionais sempre virão na proporção direta do valor de sua contribuição para os resultados. Se você deseja aumentar suas recompensas, precisa agregar valor ao que faz e se dedicar a contribuir com resultados mais expressivos para a empresa, tendo em mente que suas três atribuições mais importantes são sempre sua maior contribuição.

O Método da Lista Rápida

Este é um exercício que fazemos com nossos clientes no início do processo de coaching. Damos a eles uma folha de papel e explicamos: "Vocês têm 30 segundos para escrever seus três objetivos de vida mais importantes atualmente."

Descobrimos que, quando as pessoas têm apenas 30 segundos para escrever seus três objetivos mais importantes, suas respostas são tão precisas quanto se tivessem tido 30 minutos ou três horas. O subconsciente parece entrar em estado de concentração total, e a resposta surge na cabeça e é passada para o papel, muitas vezes causando surpresa a quem realiza o exercício.

Em pelo menos 80% dos casos, as pessoas têm três objetivos em comum: o primeiro, ligado ao lado financeiro e à carreira; o segundo, aos relacionamentos familiares e pessoais; e o terceiro, à saúde ou à forma física. E é assim que deve ser. Se você atribuir a si mesmo uma nota de 1 a 10 em cada uma dessas áreas, poderá imediatamente identificar em quais vai bem e em quais precisa melhorar. Experimente e veja o que acontece. Realize esse exercício com seus familiares: as respostas serão bastante reveladoras. Em nosso programa de coaching, ampliamos o exercício com as seguintes perguntas:

1. Quais são seus três objetivos mais importantes atualmente em relação à sua *carreira*?
2. Quais são seus três objetivos mais importantes atualmente em relação à sua *família*?
3. Quais são seus três objetivos *financeiros* mais importantes atualmente?
4. Quais são seus três objetivos de *saúde* mais importantes atualmente?
5. Quais são as três áreas *pessoais* ou *profissionais* que você pretende desenvolver atualmente?
6. Quais são seus três objetivos *sociais* e *comunitários* mais importantes atualmente?
7. Quais são seus três maiores *problemas* ou *preocupações* atualmente?

Quaisquer que sejam as respostas, elas funcionarão como um retrato preciso de sua situação atual e lhe dirão o que realmente importa para você. Embora esteja estabelecendo objetivos e prioridades, organizando-se, concentrando-se em uma única tarefa por vez e se disciplinando para fazer mais em menos tempo, nunca se esqueça de que seu principal objetivo é ter uma vida longa, feliz e saudável.

Aprender a gerenciar o tempo é um meio para alcançar um objetivo

Aprendemos técnicas de gerenciamento do tempo para desenvolver a capacidade de fazer tudo o que importa no trabalho e, com isso, ter cada vez mais tempo livre para aquilo que garante satisfação na vida pessoal.

Em geral, 85% de sua felicidade provém de relacionamentos felizes, sobretudo com amigos próximos e familiares. O fator essencial da qualidade de nossos relacionamentos é o tempo que passamos com quem amamos.

> Regra: O que importa é a *qualidade* do tempo no trabalho e a *quantidade* de tempo em casa.

Trabalhe durante todo o tempo em que estiver trabalhando

Para manter sua vida equilibrada, quando você estiver no escritório, concentre-se e trabalhe o tempo todo. Não desperdice tempo. Cada minuto perdido em atividades improdutivas é tempo tirado do serviço que você precisa realizar com qualidade se quiser ter um desempenho de alto nível.

E o pior: o tempo que você perde no trabalho muitas vezes precisa ser tirado de sua família, porque ou você fica até mais tarde no escritório ou leva trabalho para fazer em casa. Se você não trabalha com eficiência durante o expediente, acaba criando um estresse desnecessário e privando sua família da atenção e da companhia que poderia lhes oferecer.

Ter equilíbrio é fundamental

Um dos ditados mais famosos da Grécia Antiga é: "Moderação em todas as coisas." É preciso ter equilíbrio entre a vida pessoal e a vida profissional, estabelecer prioridades no trabalho e se concentrar nas tarefas mais importantes. Ao mesmo tempo, nunca se esqueça de que trabalhamos com eficiência para ter mais qualidade de vida em casa, com a família.

Muitas pessoas me perguntam: "Com que frequência preciso alcançar o equilíbrio entre o trabalho e a vida pessoal?" Eu respondo com outra pergunta: "Se você está caminhando na corda bamba, com que frequência precisa se equilibrar?" Elas pensam por alguns segundos e quase sempre dizem: "O tempo todo." Então eu digo: "O mesmo vale para a harmonia entre trabalho e vida pessoal. Você precisa buscar o equilíbrio a todo instante, e mesmo assim nunca vai alcançar a perfeição. Deve se esforçar sempre."

Tenha como objetivo dar o melhor de si no trabalho – fazer o máximo e desfrutar as recompensas de sua carreira. Ao mesmo tempo, lembre-se de aproveitar cada momento da vida. Nunca perca de vista a verdadeira razão pela qual você trabalha tanto. Quanto mais tempo você passar com as pessoas que ama, mais feliz será.

PARA AUMENTAR A PRODUTIVIDADE

1. Identifique suas três tarefas mais importantes no trabalho. Pergunte a si mesmo: "Se, antes de começar o expediente, eu tivesse que escolher a tarefa que mais contribuiria para minha carreira e a realizasse durante o dia todo, qual seria?" Repita esse exercício mais duas vezes e, assim que chegar às tarefas principais, concentre-se nelas por todo o dia.
2. Defina seus três objetivos mais importantes em cada área da vida. Organize-os por prioridade, elabore planos para realizá-los e invista neles todos os dias.

Capítulo 9
Prepare-se minuciosamente

> Qualquer que seja seu nível de capacidade atual, você tem um potencial muito maior do que jamais poderá desenvolver ao longo da vida.
>
> JAMES T. MCCAY

Uma das melhores maneiras de superar a procrastinação e fazer mais coisas em menos tempo é ter todo o material necessário à mão antes de começar o trabalho. A preparação pode fazer toda a diferença a médio e longo prazos. Quem se prepara só precisa de um pequeno estímulo mental para iniciar suas tarefas mais difíceis e importantes. É como ter tudo organizado antes de cozinhar uma refeição completa: você arruma os ingredientes na bancada e começa a executar a receita, um passo de cada vez.

Comece limpando a mesa de trabalho e deixando apenas o material necessário para cumprir sua tarefa principal sem precisar se levantar muitas vezes. Certifique-se de estar com tudo ao alcance da mão: papelada, canetas, pendrives, CDs, DVDs, logins e senhas, agenda, lista de contatos e tudo mais que for preciso. Se necessário, coloque todo o resto num armário ou em outra mesa.

Organize o ambiente para que ele seja agradável e inspirador, facilitando o trabalho por longos períodos. E, acima de tudo, certifique-se de que a cadeira seja confortável, apoie as costas e permita que seus pés estejam no chão.

Crie um espaço de trabalho confortável

As pessoas mais produtivas investem na criação de uma área de trabalho na qual gostem de passar o tempo. Quanto mais organizado e limpo você deixar o ambiente, mais fácil será iniciar suas atividades e passar longos períodos concentrado na tarefa com afinco.

É impressionante como tantos livros nunca são escritos, tantos cursos nunca são concluídos e tantas tarefas que poderiam mudar uma vida nunca são iniciadas porque as pessoas não conseguem preparar tudo com antecedência e dar o primeiro passo.

Avance em direção a seus sonhos

Assim que você terminar seus preparativos, é essencial avançar imediatamente em direção a seus objetivos. Dê o pontapé inicial, o primeiro passo, seja ele qual for.

Minha regra pessoal é: "Faça 80% certo e corrija o restante depois." Não espere a perfeição na primeira tentativa – ou mesmo nas primeiras tentativas. Esteja preparado para falhar várias vezes antes de finalmente acertar.

Wayne Gretzky, um dos maiores jogadores de hóquei de todos os tempos, disse certa vez: "Você erra 100% dos gols que não tenta fazer." Assim que finalizar a preparação, reúna coragem e dê o primeiro passo, e tudo o mais virá na sequência. Para desenvolver essa coragem, aja como se já a tivesse e se comporte como uma pessoa destemida.

Dê o primeiro passo

Ao se sentar com tudo à sua frente, pronto para trabalhar, adote uma linguagem corporal de alto desempenho. Sente-se com as costas eretas e os pés apoiados no chão. Aja como se tivesse uma personalidade eficiente e de alto desempenho. Depois, pegue sua primeira tarefa, diga a si mesmo "Vamos trabalhar", mergulhe fundo e prossiga até concluí-la.

PARA AUMENTAR A PRODUTIVIDADE

1. Dê uma boa olhada em sua mesa de trabalho, tanto em casa quanto no escritório. Pergunte-se: "Que tipo de pessoa trabalha num ambiente como este?" Quanto mais limpo e organizado for seu ambiente de trabalho, mais positivo, produtivo e confiante você se sentirá.
2. Organize sua mesa e todo o local de trabalho. Ao notar a diferença, você vai se sentir mais eficiente e pronto para produzir.

Capítulo 10
Um passo de cada vez

> Qualquer pessoa pode realizar grandes feitos caso se dedique de maneira integral e incansável a uma atividade de cada vez.
>
> SAMUEL SMILES

Existe um antigo ditado que diz: "De grão em grão, a galinha enche o papo." Ele vem bem a calhar para quem deseja ser eficiente. Uma das maneiras mais efetivas de superar a procrastinação é deixar de pensar na tarefa gigantesca que você tem pela frente e se concentrar na única ação que pode realizar no momento.

Valendo-se da mesma ideia, o filósofo chinês Lao Tsé escreveu: "Uma jornada de mil léguas começa com o primeiro passo." Esse belo ditado nos apresenta uma ótima estratégia para superar a procrastinação e fazer mais em menos tempo.

Atravessando um grande deserto

Muitos anos atrás, atravessei um trecho do deserto do Saara em uma SUV. A região de Tanezrouft, localizada na atual Argélia, tinha sido abandonada pelo Exército francês havia anos, e os poucos postos de gasolina espalhados pelos povoados estavam fechados. O deserto se estendia por 800 quilômetros – uma faixa de terra sem alimentos, água ou nem uma folha sequer de grama.

O terreno lembrava um imenso estacionamento plano de areia que se estendia até o horizonte em todas as direções. Até então, mais de 1.300 pessoas já tinham morrido na travessia desse trecho. Muitas vezes, como a areia cobria a estrada, os viajantes se perdiam à noite e nunca mais eram encontrados com vida.

Para contornar a ausência de sinalização, os franceses demarcaram o caminho com barris de óleo pintados de preto a cada cinco quilômetros, que era exatamente a distância do horizonte. Assim, durante o dia, sempre era possível enxergar dois barris de óleo – aquele pelo qual havíamos acabado de passar e o que estava cinco quilômetros adiante. Isso bastava para nos mantermos na rota. Precisávamos apenas dirigir até o próximo barril. Assim atravessamos o maior deserto do mundo basicamente avançando "um barril de óleo de cada vez".

Dê um passo de cada vez

Conforme o exemplo, se você tiver disciplina e der apenas um passo de cada vez, será capaz de realizar as maiores tarefas. A cada passo você ganha um novo horizonte e enxerga o bastante para seguir em frente até o próximo ponto de referência. Quando você faz tudo ao seu alcance para continuar trabalhando na tarefa até sua conclusão, sabe que os próximos passos ficarão claros com o tempo.

Esse avanço constante e gradual pode ser aplicado em várias áreas da vida. Para conquistar a independência financeira, por exemplo, é preciso economizar um pouco todo mês. Para ter saúde e entrar em forma, é preciso comer um pouco menos e praticar um pouco mais de exercícios.

Para vencer a procrastinação e realizar feitos extraordinários, dê o primeiro passo e, sempre com o objetivo final em mente, continue avançando de barril em barril.

PARA AUMENTAR A PRODUTIVIDADE

1. Selecione qualquer objetivo, tarefa ou projeto que esteja procrastinando e elabore uma lista com os passos que precisará dar para completá-lo.
2. Dê o primeiro passo imediatamente. Às vezes, tudo o que você precisa fazer para começar é se concentrar e finalizar um item da lista. Depois, basta terminar outro, mais outro, e assim por diante. Siga em frente com disciplina e você ficará surpreso com a velocidade de seu progresso.

Capítulo 11

Aprimore suas principais habilidades

> O único meio de garantir o sucesso é oferecer mais e melhores serviços do que se espera de você, não importa qual seja sua tarefa.
>
> OG MANDINO

Aprimorar habilidades é um dos mais importantes princípios da produtividade pessoal. Aprenda o que for necessário para realizar seu trabalho com excelência. Quanto melhor você se torna em executar tarefas difíceis, mais propenso fica a mergulhar de cabeça nelas e só descansar quando terminá-las.

Entre as principais razões para a procrastinação estão a sensação de incapacidade, a falta de autoconfiança ou a inexistência de uma qualificação importante para a tarefa. Basta se sentir incapaz numa única área necessária à realização do trabalho para a pessoa perder a vontade de dar o pontapé inicial.

Procure sempre aperfeiçoar as habilidades que proporcionam os resultados mais importantes. Lembre-se: embora no momento você seja competente, seu conhecimento e seus talentos estão ficando obsoletos rapidamente. Como diz Pat Riley, lendário técnico de basquete americano: "Se você para de se esforçar para melhorar, está fadado a piorar."

Nunca pare de aprender

Uma das maneiras mais eficazes de gerenciar seu tempo é aprimorar constantemente suas habilidades pessoais e profissionais. Quando você se sai bem em uma tarefa importante, sente-se motivado a realizar outras. Quanto mais competente se torna, maiores seus níveis de energia e entusiasmo. Assim, percebe que é mais fácil superar a procrastinação e concluir o trabalho com maior rapidez e melhor qualidade.

Uma informação ou uma habilidade extra pode fazer toda a diferença em seu desempenho. Identifique as principais atividades que você realiza e trace um plano para sempre se aperfeiçoar nessas áreas.

> Regra: O aprendizado contínuo é o requisito básico para o sucesso em qualquer área.

Você deve aprimorar suas qualificações para se tornar mais produtivo e eficiente na sua função. Pode aprender a negociar melhor, a falar bem em público ou a usar melhor um software, por exemplo. Em qualquer caso, basta determinar qual habilidade lhe trará mais resultados e se dedicar ao aprendizado.

Não permita que um ponto fraco ou uma incapacidade atrapalhe seu desempenho. Quando comecei a escrever meu primeiro livro, fiquei desanimado, porque catava milho no teclado. Logo percebi que precisava aprender a digitar mais rápido se quisesse mesmo escrever e editar um livro de 300 páginas. Então, comprei um programa de datilografia para meu computador e comecei a praticar de 20 a 30 minutos por dia, durante três meses. Ao fim desse período, estava escrevendo entre 40 e 50 palavras por minuto. Com essa habilidade, tive condições de escrever mais de 75 livros, publicados em todo o mundo.

Três passos para se tornar um especialista

Primeiro, leia textos sobre sua área de atuação durante cerca de 30 minutos ou uma hora por dia. Levante-se um pouco mais cedo e escolha um livro ou uma revista com informações que o levem a ser mais eficiente e produtivo no que você faz.

Segundo, participe de todos os cursos e seminários que possam ajudá-lo a aprimorar suas habilidades mais importantes. Vá a palestras, workshops e congressos que tenham a ver com sua profissão ou seu cargo. Sente-se na frente e tome notas. Torne-se uma das pessoas mais informadas e cultas de sua área.

Terceiro, escute programas de rádio, podcasts e audiolivros enquanto se desloca para o trabalho. Em média, passamos de 500 a 1.000 horas em trânsito por ano. Transforme esse tempo num momento de aprendizado para se tornar uma das pessoas mais inteligentes, competentes e bem pagas de sua área.

Quanto mais você aprende e sabe, mais confiante e motivado se sente. Quanto mais competente você se torna, mais é capaz de realizar tarefas complexas com competência e velocidade.

Da mesma maneira que fazemos exercícios físicos, é possível exercitar a mente. Os únicos limites para sua evolução e sua velocidade de aprendizado são aqueles que você mesmo cria em sua imaginação.

PARA AUMENTAR A PRODUTIVIDADE

1. Identifique as principais habilidades que podem levá-lo a alcançar resultados melhores em menos tempo. Determine as competências fundamentais que você precisará ter no futuro para se tornar uma referência em sua área. Estabeleça um objetivo, trace um plano e comece a desenvolvê-las. Torne-se um especialista.

2. Elabore um plano de aprimoramento visando se preparar para cumprir suas tarefas mais difíceis e importantes com excelência. Essa é a chave para alcançar o máximo de seu potencial.

Capítulo 12

Identifique suas maiores limitações

> Concentre todos os seus pensamentos na tarefa que está realizando. Os raios de sol não queimam até que sejam colocados em foco.
>
> ALEXANDER GRAHAM BELL

Para sair de sua posição atual e alcançar qualquer meta ou objetivo, sempre é preciso superar um fator limitador essencial. Sua missão é identificar esse fator.

O que impede seu desenvolvimento? O que define o tempo que você leva para conquistar seus objetivos? O que o impede de cumprir suas tarefas-chave? Por que você ainda não atingiu sua meta?

Essas são algumas das perguntas fundamentais que você deverá se fazer ao longo da carreira caso queira elevar sua produtividade e eficiência. Não importa qual seja sua tarefa: sempre existirá um *fator limitador* que determinará o ritmo e a qualidade de seu trabalho. Estude a tarefa, identifique os obstáculos intrínsecos a ela e concentre-se em reduzir esse ponto de obstrução.

Identifique o fator limitador

Em toda tarefa, pequena ou grande, existe um único fator que determina a velocidade na qual você alcança seu objetivo ou termina o trabalho. Descubra que fator é esse e concentre suas energias mentais nessa área. Essa pode ser a forma mais produtiva de usar seu tempo e seus talentos.

A limitação pode ser um colega de trabalho de quem você depende, um recurso necessário, um ponto fraco em algum setor da empresa etc. Seja qual for, tenha certeza de que ele sempre existirá.

A meta de uma empresa, por exemplo, é atrair e manter clientes. Com uma boa carteira, ela lucra, cresce e se desenvolve. Mas todo negócio tem um fator limitador que o impede de alcançar seus objetivos. Talvez o problema esteja no marketing, ou na equipe de vendas. Pode ser o custo ou os métodos de produção. Pode ser o fluxo de caixa ou um problema operacional. O sucesso da empresa pode ser determinado pela concorrência, pelos clientes ou pelo próprio estado da economia no país. Para continuar crescendo e tendo lucro, seus executivos devem identificar o fator limitador e propor soluções para que ele possa ser superado.

Da mesma forma, se você identificar qual é o fator limitador nos seus processos de trabalho e apontar soluções, estará no caminho certo para aumentar sua produtividade e a de sua organização.

O Princípio 80/20 aplicado às limitações

O Princípio 80/20 também se aplica às limitações na vida pessoal e na vida profissional. Fazendo essa transposição, 80% das nossas limitações (fatores que nos impedem de alcançar nossos objetivos) são *internas*. Ou estão dentro de nós mesmos – fazem parte das qualidades pessoais, das capacidades, dos hábitos e das competências que carregamos conosco o tempo todo – ou estão dentro da empresa.

Por eliminação, apenas 20% dos fatores limitadores são *externos* a você e sua organização – como a concorrência, o mercado ou o governo.

Talvez sua principal limitação seja algo imperceptível, aparentemente sem importância. Muitas vezes, para determinar o fator limitador, é preciso elaborar uma lista de cada etapa do processo e analisar cada atividade separadamente. Às vezes uma mera objeção ou visão negativa do cliente pode impedir o crescimento das vendas de um produto ou a contratação de um serviço. Também é possível que a falta de uma característica esteja impedindo o crescimento das vendas de um produto ou uma linha de serviço.

Faça uma análise completa e franca de sua empresa. Avalie seu chefe, seus colegas e sua equipe para descobrir se existe um ponto fraco que limite você ou a empresa como um todo e funcione como um freio, impedindo-os de alcançar as metas estipuladas.

Aprenda a se avaliar

As pessoas bem-sucedidas sempre começam a análise das limitações com a seguinte pergunta: "O que existe dentro de mim que está impedindo meu desenvolvimento?" Elas aceitam total responsabilidade por sua vida e olham para dentro de si em busca da causa e da resolução de seus problemas.

É preciso ter a honestidade de buscar dentro de si o fator que reduz e estabelece o ritmo no qual alcançamos nossos objetivos. A todo momento, pergunte-se: "O que está definindo o ritmo no qual alcanço os resultados que almejo?"

Almeje a precisão

O tipo de limitação determina sua estratégia para superá-la. Quando você não consegue identificar sua limitação (ou quando identifica a limitação errada), acaba seguindo na direção equivocada e pode perder muito tempo. Por outro lado, ao descobrir sua limitação você se torna capaz de traçar uma estratégia para atenuá-la.

Certa vez, uma grande empresa me procurou porque vinha tendo queda nas vendas. Os diretores concluíram que a principal limitação era a qualidade da equipe de vendas e de seu gerente. Por isso, decidiram gastar uma fortuna reorganizando a gestão e realizando novos treinamentos para os vendedores.

No entanto, tempos depois eles descobriram que a principal razão para a queda havia sido um erro cometido por um funcionário, que tinha acidentalmente precificado os produtos acima de seus concorrentes no mercado. Assim que a tabela de preços foi corrigida, as vendas e, consequentemente, os lucros voltaram a subir.

O trabalho de eliminar limitações é contínuo: assim que um gargalo é localizado e solucionado, você descobre outro. Quer você esteja tentando apenas chegar ao trabalho pontualmente, quer tenha uma meta mais ambiciosa, como construir uma carreira de sucesso, sempre há limitações que determinam o ritmo de seu progresso. Sua missão é encontrá-las e se concentrar em suprimi-las o mais rápido possível.

Começar o dia eliminando um gargalo é uma atividade que nos enche de energia, nos impulsiona a seguir em frente e completar o trabalho. Muitas vezes, eliminar um fator limitador é a tarefa mais importante que você pode executar no momento.

PARA AUMENTAR A PRODUTIVIDADE

1. Identifique seu objetivo mais importante atualmente. Qual meta exerceria o efeito mais positivo em sua vida pessoal caso fosse alcançada? Qual realização exerceria o impacto mais positivo em sua vida profissional?
2. Qual limitação (interna ou externa) está atrasando o cumprimento de seus objetivos? Pergunte a si mesmo: "Por que eu ainda não concluí essa tarefa? Qual fator interno está me atrapalhando?" Seja qual for a resposta, comece a trabalhar imediatamente para eliminá-lo. Dê o primeiro passo.

Capítulo 13
Ponha pressão em si mesmo

O primeiro requisito para o sucesso é a capacidade de aplicar incessantemente suas energias físicas e mentais em um problema.

THOMAS EDISON

O mundo está cheio de pessoas esperando que apareça alguém para motivá-las a ser como elas gostariam de ser. O problema é que isso não vai acontecer. Esses indivíduos passivos estão esperando um salvador que nunca vai chegar. Se não assumirem o controle de sua vida e colocar pressão em si mesmos, podem acabar esperando para sempre. E é isso que a maioria de fato faz.

Apenas cerca de 2% das pessoas podem trabalhar sem supervisão alguma. São os "líderes", o tipo de profissional que você está destinado a ser caso decida atingir esse objetivo.

Para alcançar seu potencial pleno, incorpore a responsabilidade e não espere alguém fazer isso por você. Escolha quais tarefas você vai encarar e se obrigue a resolvê-las por ordem de importância.

Seja uma referência em sua área

Tente começar a se enxergar como um modelo. Eleve o próprio nível de exigência. Os padrões que você estabelece para seu trabalho e seu comportamento devem ser mais altos que os determinados por qualquer outra pessoa. Transforme essa autoexigência num jogo e acumule pontos pelas tarefas concluídas. Procure maneiras de ir além, de realizar mais do que é pago para fazer, e conquiste pontos extras.

O psicólogo Nathaniel Branden define a autoestima como "a reputação que adquirimos com nós mesmos". Você constrói ou destrói a reputação que tem consigo mesmo de acordo com o que consegue ou não fazer. A boa notícia é que, ao dar o melhor de si, você passa a se sentir melhor. Quando você vai além do ponto em que uma pessoa comum normalmente desistiria, sua autoestima cresce.

Crie prazos imaginários

Uma das melhores maneiras de superar a procrastinação e fazer mais em menos tempo é trabalhar como se tivesse apenas um dia para realizar suas tarefas mais importantes.

Outra forma de colocar pressão em si mesmo é imaginar que você acabou de receber uma mensagem urgente e terá que viajar no dia seguinte. Se precisasse sair da cidade por um mês, qual tarefa faria questão de terminar antes de partir? Seja qual for a resposta, comece a trabalhar nela agora.

As pessoas bem-sucedidas estão sempre se pressionando para obter um desempenho mais alto. As outras precisam ser guiadas, supervisionadas e pressionadas por outras.

Ao pressionar a si mesmo, você realizará mais tarefas com maior rapidez e melhor qualidade que nunca, desenvolverá uma personalidade ambiciosa e voltada para o alto desempenho, se sentirá bem consigo mesmo e aos poucos se habituará a terminar as tarefas rapidamente, o que será útil todos os dias de sua vida, tanto na vida pessoal quanto na profissional.

PARA AUMENTAR A PRODUTIVIDADE

1. Estabeleça prazos e subprazos para cada atividade. Crie uma forma de se pressionar. Eleve seus padrões e não se exima da responsabilidade. Quando definir um prazo para a entrega de um trabalho, mantenha-se firme e procure terminá-lo antes da data final.
2. Antes de começar um trabalho ou projeto importante, descreva todas as etapas no papel. Em seguida, defina o tempo de realização de cada fase. Por fim, comece a correr contra o relógio e tente entregar antes do prazo. Transforme o trabalho num jogo e jogue para vencer!

Capítulo 14
Motive-se a agir

É no convincente entusiasmo das altas aventuras e das vitórias, e na ação criativa, que o homem encontra suas alegrias supremas.

ANTOINE DE SAINT-EXUPÉRY

Para alcançar o desempenho máximo, você precisa ser o líder de sua própria torcida – se estimular a dar o melhor de si para obter performances de alto nível.

A maior parte das emoções, positivas ou negativas, é determinada pela sua maneira de falar consigo mesmo. Como já expliquei ao transpor o Princípio 80/20 para o mundo corporativo, o que determina seus sentimentos não é o que acontece com você, mas sua maneira de interpretar os fatos que ocorrem à sua volta. Ou seja, a causa é interna, não externa. Sua versão dos acontecimentos determina se eles o motivam ou o desestimulam, se lhe fornecem ou drenam energia.

Para manter a motivação, escolha ser otimista. Reaja positivamente às palavras, ações e reações das pessoas e às situações ao seu redor. Não permita que os inevitáveis obstáculos da vida afetem seu humor ou suas emoções.

Controle seu diálogo interior

Ter autoestima é fundamental para ser uma pessoa motivada e obstinada. Quando conversar consigo mesmo, adote um tom positivo, que estimule o amor-próprio. Diga "Eu me amo" repetidas vezes, até internalizar a mensagem e passar a se comportar como alguém que de fato se ama e tem um excelente desempenho no trabalho.

Para manter a motivação e superar a dúvida e o medo, repita continuamente: "Eu sou capaz. Eu sou capaz." Além disso, quando as pessoas perguntarem como você está, responda sempre: "Estou ótimo."

Não importa como você esteja se sentindo de verdade ou o que esteja acontecendo em sua vida: permaneça animado e alegre. Como escreveu Viktor E. Frankl em *O homem em busca de um sentido*: "A última das liberdades humanas é escolher a própria postura diante de qualquer circunstância da vida."

Recuse-se a reclamar dos seus problemas. Guarde-os para si. Como diz o palestrante e humorista Ed Foreman: "Nunca compartilhe seus problemas com os outros, pois 80% das pessoas não ligam e os outros 20% ficarão felizes em saber que você os tem."

Desenvolva uma postura mental positiva

No estudo que realizou na Universidade da Pensilvânia ao longo de 22 anos (resumido no livro *Aprenda a ser otimista*), Martin Seligman determinou que o otimismo é a qualidade mais importante para o sucesso e a felicidade pessoal e profissional. Os otimistas parecem ser mais eficientes em quase todas as áreas da vida. Eles exibem quatro comportamentos especiais, todos aprendidos por meio da repetição.

Primeiro, eles *valorizam o lado bom* de qualquer situação. Sempre procuram algo de positivo ou vantajoso em qualquer situação ruim. E sempre encontram.

Segundo, os otimistas *buscam a lição útil por trás de cada obstáculo*. Eles acreditam que as dificuldades surgem não para obstruir, mas para instruir. Consideram que cada contratempo contém uma lição a ser aprendida e incorporada e estão determinados a aproveitá-la.

Terceiro, os otimistas *se concentram na solução para cada problema*. Em vez de culpar os outros ou reclamar quando as coisas dão errado, eles se mostram proativos e fazem perguntas como: "Qual é a solução? O que podemos fazer agora? Qual é o próximo passo?"

Quarto, os otimistas *pensam e falam sobre seus objetivos*. Eles refletem sobre o que querem e procuram maneiras de alcançar o que desejam. Estão voltados para o futuro, não para o passado.

Quando você cria o hábito de visualizar seus objetivos e ideais e passa a conversar consigo mesmo de forma positiva, seus níveis de concentração, energia, confiança e criatividade dão um salto e você vivencia uma forte sensação de controle e poder.

Quanto mais positivo e motivado você se sente, mais tem vontade de começar logo a trabalhar e mais determinado se torna a finalizar as tarefas.

PARA AUMENTAR A PRODUTIVIDADE

1. Controle seus pensamentos. Lembre-se: você se torna aquilo que pensa. Procure pensar e falar sobre o que deseja atrair, e não sobre coisas que não quer para si.
2. Mantenha o pensamento positivo e aceite a responsabilidade por seus atos e por tudo o que acontece com você. Jamais critique ou culpe o outro. Em vez de dar desculpas, procure progredir. Mantenha os pensamentos e a energia focados no futuro, no que você pode fazer agora para melhorar sua vida, e ignore o resto.

Capítulo 15
A tecnologia não comanda sua vida

> Há mais coisas na vida do que aumentar sua velocidade.
> MOHANDAS GANDHI

A tecnologia pode ser sua melhor amiga ou sua pior inimiga. Ela se torna um adversário quando nos entregamos à necessidade obsessiva de nos comunicar a todo momento. Essa compulsão por permanecer conectado nos deixa psicologicamente sem fôlego. Não temos tempo para parar, sentir o aroma das flores e organizar nossos pensamentos.

Você tem uma escolha

O segredo é manter seu relacionamento com a tecnologia sob controle. Bill Gross, gestor financeiro que administrou mais de 600 bilhões de dólares em fundos de renda fixa e títulos na PIMCO, é conhecido por se exercitar regularmente e meditar todos os dias para manter o equilíbrio. Nesses momentos, ele não usa tecnologia alguma e, apesar de desligar todos os seus dispositivos, nunca perde uma mensagem importante.

Para você permanecer calmo, lúcido e plenamente eficaz, procure se afastar da tecnologia com certa regularidade. Um pesquisador que pediu a um grupo de CEOs e empreendedores para se desconectarem da tecnologia concluiu que eles apresentaram uma evolução na memória e passaram a ter relacionamentos mais profundos, a dormir melhor e a tomar mais decisões transformadoras.[1]

Quando as pessoas estão conectadas demais, as diversas tecnologias de comunicação rapidamente se tornam um vício destrutivo. Elas acordam pela manhã e verificam todas as notificações no celular antes mesmo de se levantar da cama. Em seguida, correm para seus computadores, nos quais recomeçam a digitar antes mesmo de tomar o café da manhã, beber água ou escovar os dentes. Atualmente, um indivíduo confere o smartphone em média 46 vezes por dia, segundo um estudo,[2] e 85 vezes por dia de acordo com outro, que concluiu que as pessoas estão "verificando seus telefones duas vezes mais que imaginavam".[3]

Evite a dependência

Recentemente, eu estava em Washington para um almoço de negócios numa sala com altos executivos. Antes de o almoço começar, um dos organizadores se levantou e fez uma rápida prece. Todos os executivos abaixaram a cabeça. Quando o organizador acabou, o almoço teve início.

No entanto, na minha mesa, quatro ou cinco das oito pessoas pareciam profundamente comovidas pela oração. Mantinham-se cabisbaixas e com as mãos no colo, mesmo quando a comida foi servida. Pareciam perdidas em reflexões sobre as questões importantes do dia.

Só então eu percebi que elas não estavam rezando, mas completamente concentradas em seus smartphones, enviando e recebendo e-mails, digitando como se fossem adolescentes frenéticos. Estavam alheias ao mundo ao seu redor, afogando-se num poço profundo de trocas de informações.

Recupere seu tempo

Certa vez, um dos meus clientes me confessou que se sentia preso a seu computador, passando horas do dia lendo e respondendo e-mails. Quanto mais tempo passava ao computador, menos trabalhos importantes conseguia concluir. O estresse causado por essas tarefas não realizadas foi crescendo aos poucos até que começou a afetar sua personalidade, sua saúde e seu sono.

Nós mostramos a ele como funcionava o Princípio 80/20 e como se aplicava aos e-mails. Ele apagou 80% das mensagens e cancelou a inscrição de newsletters, que não tinham importância. Dos 20% restantes, apenas 4% exigiam respostas imediatas. Os outros 16% poderiam ser transferidos para uma pasta de mensagens para serem vistas mais tarde.

Recuse-se a ser um escravo

Liberte-se do seu computador. Cancele as assinaturas de todos os e-mails que você não deseja mais receber ou marque-os como spam. Configure uma resposta automática que diga: "Eu verifico minha caixa de e-mails apenas duas vezes por dia. Vou responder assim que for possível. Se for uma emergência, telefone para o número..."

Um jornalista da revista *Fortune* escreveu uma vez que, quando voltou a trabalhar após duas semanas de férias na Europa, encontrou mais de 700 e-mails em sua caixa de entrada. Ele concluiu que levaria uma semana para resolver isso antes de iniciar projetos importantes. Sem tempo a perder, pela primeira vez em sua carreira ele respirou fundo e apagou tudo, eliminando os 700 e-mails para sempre. Então, ocupou-se com os projetos realmente importantes para ele e seu empregador.

Sua explicação foi simples: "Eu percebi que não é só porque recebi um e-mail que o remetente passou a possuir um pedaço da minha vida." Embora poucas pessoas tenham coragem para apagar todos os e-mails da caixa de entrada sem lê-los, você pode excluir e ignorar um número maior de e-mails. Permita-se remover todas as mensagens que não estejam relacionadas a metas e relacionamentos importantes.

Alguém entrará em contato

Durante meus seminários, as pessoas sempre me perguntam: "Mas não é preciso estar sempre conectado para se manter em dia com as notícias?" Eu lhes respondo: "Se acontecer alguma coisa realmente importante, alguém vai lhe contar." Muitas pessoas se desligam das notícias e, surpreendentemente, permanecem bem informadas sobre os temas mais relevantes. Procure fazer o mesmo.

PARA AUMENTAR A PRODUTIVIDADE

1. Comece a criar hoje mesmo períodos de silêncio durante suas atividades cotidianas. Desligue o computador e o smartphone por uma hora pela manhã e outra à tarde. Você se surpreenderá com o que vai acontecer: nada.
2. Desligue-se da tecnologia durante um dia inteiro da semana. Ao fim da desintoxicação digital, sua mente estará calma e lúcida. Quando suas baterias mentais têm tempo para recarregar, você resolve suas tarefas mais importantes e difíceis com muito mais eficiência.

Capítulo 16
Você comanda a tecnologia

A tecnologia é apenas uma ferramenta.
MELINDA GATES

Você deve se disciplinar para fazer a tecnologia servir a você, e não para servir a ela. O objetivo da tecnologia é tornar sua vida mais simples e fácil, e não criar complexidade, confusão e estresse.

Em geral, para conseguir cumprir mais tarefas de *alto valor*, você precisa parar de realizar as tarefas de *baixo valor*. Procure sempre se perguntar: *O que é importante aqui?* O que você precisa realizar de mais importante no trabalho? O que é importante na sua vida pessoal? Se pudesse fazer apenas uma ou duas das atividades delegadas a você, quais seriam elas?

Use suas ferramentas tecnológicas para nunca esquecer o que é essencial e se proteger do que não importa. A tecnologia pode ser uma aliada simples e eficiente para você assumir o controle de seus dispositivos de comunicação, seu tempo e até suas emoções.

Assuma o controle de sua comunicação

Limpe seu espaço de trabalho digital da mesma forma que faria com sua mesa física: feche cada programa desnecessário para a tarefa em andamento, bloqueie os sites que mais o distraem e certifique-se de manter abertos apenas os canais de comunicação necessários para a conclusão do trabalho. A maioria das tarefas requer que você se comunique com alguém, mas ter 10 meios de comunicação à disposição é um exagero. Quando houver apenas informações relevantes na sua tela, organize as janelas para um fluxo de trabalho perfeito.

Mostre ao smartphone quem manda: desabilite todas as notificações ou coloque-o no modo avião. Esse é um passo importante para começar a verificar seu telefone de acordo com suas necessidades e seus cronogramas e, assim, recuperar o controle de sua vida.

E se alguém quiser falar comigo para resolver alguma emergência?

Indivíduos responsáveis por crianças pequenas, por pais idosos ou por familiares doentes ou portadores de alguma deficiência podem ter a sensação de que se desconectar da tecnologia ou desativar notificações é impossível. E se seu pai idoso escorregar no banheiro ou seu filho tiver uma emergência na creche?

Trata-se de uma preocupação perfeitamente válida. A solução, no entanto, não é estar disponível para todos em todos os momentos. Em vez disso, tenha um número de telefone, um e-mail ou outro canal de comunicação que apenas o profissional responsável por seu parente conheça. Deixe o canal aberto e reserve-o para emergências.

Se você quiser, pode aplicar a mesma técnica em sua vida profissional. Dê a seu gestor ou seus clientes-chave um meio exclusivo de entrar em contato. Outra dica é programar seu e-mail para transferir automaticamente as mensagens de seus contatos de trabalho mais importantes para uma pasta "Prioridades".

Em outras palavras, segmente seus canais de comunicação de tal modo que apenas urgências possam interromper sua concentração.

Assuma o controle de seu tempo

Sua agenda on-line é um instrumento maravilhoso, mas não se deixe dominar por ela. Nunca aceite um convite digital de cara. Pergunte a si mesmo se o convite se encaixa em suas prioridades antes de pressionar o botão. As regras de prioridades que valem para a vida real também se aplicam no mundo virtual: primeiro, faça o que for mais importante.

Reserve blocos de tempo para suas tarefas como se fossem verdadeiros compromissos. Seja tão rígido em relação a isso que, quando as pessoas visualizarem sua agenda on-line para marcar reuniões, elas vejam apenas uma pequena fatia de tempo livre. Isso as deixará impressionadas e as estimulará a marcar reuniões mais curtas.

Outra poderosa ferramenta de controle do tempo são os aplicativos para gerenciar listas de tarefas. Eles têm todas as vantagens de uma lista de tarefas escrita no papel, porém contam com alguns recursos adicionais.

Com um simples clique no mouse, o gerenciador de tarefas digital lhe permite transferir itens para a lista de outra pessoa. Isso pode ajudá-lo a delegar com mais eficiência, mas certifique-se de só aceitar tarefas que estão de acordo com suas prioridades. Ele também pode ser programado para lembrá-lo de seus compromissos mais importantes.

Assuma o controle de suas emoções por meio da tecnologia

Muitas pessoas não conseguem transformar a tecnologia em um instrumento eficiente porque temem aprender novas habilidades. Não deixe esse medo deter você. Qualquer coisa que os outros aprenderam você também pode aprender.

Informe a empresa em que você trabalha sobre seu interesse em conhecer melhor as ferramentas tecnológicas que o tornarão mais eficiente. Se você tem um amigo, familiar ou colega de trabalho que domine o assunto, aproveite para aprender tudo o que puder com ele.

Acima de tudo, evite expressões como "não consigo", "não sei" ou "não sou capaz". Saber usar as ferramentas da tecnologia deixou de ser uma opção; é tão importante quanto saber ler, escrever e fazer contas. E a ideia de que apenas certos tipos de pessoas têm facilidade para lidar com o assunto é um mito. Seja qual for sua idade, você tem o poder de dominá-la. Caso algum contratempo o deixe frustrado, lembre-se de que todos estamos sujeitos a isso. Mesmo programadores especialistas e extremamente bem pagos podem se frustrar com a tecnologia.

Quando você coloca a tecnologia a seu serviço, ela pode se tornar uma fonte de emoções positivas e estimular a produtividade. Publique nas redes sociais seu objetivo mais importante a longo prazo e prometa alcançá-lo. Faça atualizações diárias sobre seu progresso, de modo que, se você pular um dia ou ficar desleixado, todos vão saber.

Publicar seu progresso nas redes sociais é uma excelente maneira de se recompensar pelos avanços em projetos de longo prazo. Quando a compensação ainda está muito distante, pode ser difícil se manter motivado; por isso, conquistar curtidas de seus amigos pode ser uma forma de obter uma pequena satisfação.

Você pode até procurar, entre seus amigos nas redes sociais, pessoas de sua área e competir com elas para ver quem consegue cumprir suas tarefas mais importantes e difíceis ao longo do tempo. Por exemplo, muitos escritores gostam de postar no Twitter o total de palavras escritas naquele dia. Assim, competem com outros autores para saber quem é mais rápido e produtivo e quem procrastina.

Deixe de ser escravo das mídias sociais e faça-as trabalhar para você. É simples: em vez de publicar algo banal, poste sobre seus objetivos de vida e batalhe para conquistá-los.

PARA AUMENTAR A PRODUTIVIDADE

1. Desative hoje mesmo todas as notificações de seus meios de comunicação, exceto as dos canais de emergência. Crie em sua vida virtual áreas especiais para as tarefas mais importantes.

2. Pesquise e instale um software ou um aplicativo que o ajude a ser mais eficiente e focado.

Capítulo 17
Direcione sua atenção

Tudo na vida é o estudo da atenção; sua vida segue para onde sua atenção se volta.

JIDDU KRISHNAMURTI

A atenção focada é a chave para o alto desempenho. A "atração da distração" – a sedução das interrupções eletrônicas e de outros tipos – leva à concentração difusa, à mente errante, à falta de foco e, em última instância, ao fracasso.

Uma pesquisa recente comprovou que responder rapidamente a e-mails, telefonemas e mensagens instantâneas exerce um efeito negativo em seu cérebro, reduzindo sua capacidade de atenção e dificultando, ou até impossibilitando, as tarefas das quais dependem seu futuro e seu sucesso.[1]

Desenvolvendo um vício

Quando você checa o e-mail assim que acorda ou responde à vibração ou a algum som que indique um novo e-mail ou uma nova mensagem de texto, seu cérebro libera uma pequena dose de dopamina. Essa dose lhe proporciona uma sensação agradável. Estimula sua curiosidade e faz você responder à mensagem de imediato. Por um instante você esquece tudo o que está fazendo e volta sua atenção para a nova mensagem. O som de e-mail ou mensagem recebida aciona uma reação do tipo "O que eu ganhei?". Com isso, você para imediatamente de trabalhar para descobrir qual é seu "prêmio".

Quando você começa o dia com algumas doses de dopamina propiciadas por e-mails ou mensagens de bate-papo, acaba tendo enorme dificuldade durante o resto do dia para prestar atenção em suas tarefas importantes.

A ilusão da multitarefa

Algumas pessoas acreditam que podem realizar várias tarefas ao mesmo tempo, alternando-se entre elas e os e-mails. Mas a verdade é que elas só se concentram em uma coisa de cada vez. Na verdade, elas estão apenas alternando as tarefas. Ou seja, estão indo e voltando com sua atenção, como se estivessem movimentando uma lanterna para iluminar vários objetos, um de cada vez.

Após interromper sua tarefa para acessar a internet, você leva cerca de 17 minutos para transferir sua atenção total de volta à tarefa anterior e continuar trabalhando. É por isso que atualmente cada vez mais pessoas trabalham o dia inteiro, parando a todo momento para ler e-mails e mensagens, mas no fim das contas concluem bem menos tarefas. Além disso, elas também cometem mais erros.

As soluções comprovadas

As soluções a seguir são simples e estão sendo adotadas pelas pessoas mais produtivas em todos os ramos. Primeiro, pare de verificar o e-mail logo pela manhã. Com isso, você não acionará o vício em dopamina ao longo de todo o dia. Mantenha seus dispositivos eletrônicos desligados.

Em segundo lugar, se você precisa verificar seu e-mail por qualquer razão, entre e saia rapidamente, depois volte a trabalhar.

Desligue o som do computador e coloque o telefone para vibrar. Elimine os estímulos que desencadeiam o fluxo de dopamina e leva a interrupções contínuas.

Por fim, verifique o e-mail apenas duas vezes por dia. Pode ser uma vez antes do almoço e outra vez depois (por exemplo, às 11 da manhã e às 3 da tarde). Em seguida, feche o programa. Forneça um número de telefone pelo qual você possa ser contatado em caso de emergência.

Sempre que for entrar numa reunião, siga o mesmo protocolo e deixe os dispositivos eletrônicos desligados. Não seja indelicado com os colegas com quem você está reunido: pegue o laptop ou o celular apenas caso precise mostrar algo a eles. Concentre toda a sua atenção nas pessoas ao seu redor. Aplique essa regra também em casa, com sua família.

Dobre sua produtividade

Para dobrar sua produtividade, siga as seguintes instruções: primeiro, planeje cada dia, selecione a tarefa mais importante e difícil e comece a trabalhar nela antes de fazer qualquer outra coisa. Segundo, trabalhe sem parar por 90 minutos, sem se deixar distrair, em seguida faça uma pausa de 15 minutos. Terceiro, trabalhe mais 90 minutos sem interrupções. Por fim, após as três horas de trabalho contínuo, você pode se recompensar com uma dose de dopamina, verificando seu e-mail e as mensagens no celular.

Ao desenvolver o hábito de trabalhar por três horas consecutivas em tarefas importantes todas as manhãs, você não apenas dobra sua produtividade como interrompe o hábito de verificar o e-mail o dia todo. E ainda por cima recupera o controle total de sua vida.

PARA AUMENTAR A PRODUTIVIDADE

1. Mantenha em mente seus objetivos para alcançar o sucesso e ser altamente produtivo. Antes de fazer qualquer coisa, pergunte a si mesmo: "Isso vai me ajudar a atingir uma das minha metas mais importantes ou não passa de uma distração?"

2. Recuse-se a se tornar escravo dos sons e toques que o distraem e o impedem de completar as tarefas que podem fazer a diferença em sua vida. Deixe todos os seus dispositivos eletrônicos desligados quando precisar se concentrar em algo.

Capítulo 18
Divida a tarefa em etapas

Um hábito nasce como um fio quase invisível, mas toda vez que repetimos o ato, o fio engrossa, ganha outro filamento, até se tornar um cabo que nos prende de forma irremediável por atos e pensamentos.

ORISON SWETT MARDEN

Uma das principais razões de procrastinarmos em tarefas importantes é o fato de elas, à primeira vista, parecerem enormes.

Uma técnica bastante útil para facilitar a conclusão de uma tarefa demorada é a do fatiamento: você detalha o projeto, divide-o em etapas e decide fazer apenas *uma parte* do trabalho por vez.

Psicologicamente, você achará mais fácil realizar uma parte pequena de um projeto grande do que começar a trabalhar encarando-o como uma única tarefa. Ao finalizar um trecho, você terá a sensação de que está avançando rapidamente. Com isso, ficará motivado a continuar trabalhando em uma seção do projeto de cada vez, até que em pouco tempo a tarefa estará concluída.

Desenvolva uma compulsão por concluir

É fundamental ter a "vontade de terminar", a "compulsão por concluir". Quem possui essa caraterística se sente mais feliz e poderoso quando finaliza uma tarefa. Você satisfaz uma necessidade inconsciente e profunda de encerrar um trabalho ou projeto, e essa mesma sensação o motiva a prosseguir para o próximo. O ato de encerramento libera as endorfinas em seu cérebro.

Quanto maior e mais complexa é a tarefa que você começa e termina, melhor e mais alegre você se sente, maior sua sensação de poder e sua energia.

Ao concluir uma parte menor da tarefa, você se sente estimulado a fazer o mesmo com outra parte, depois mais outra, e assim por diante. Cada pequeno passo lhe dá ânimo. Como resultado, você desenvolve um impulso que o motiva a seguir adiante até a conclusão do trabalho, quando desfrutará da sensação de felicidade e satisfação que acompanha qualquer sucesso.

Aplique o método "queijo suíço" às suas tarefas

Outra técnica é a do "queijo suíço", que tem esse nome porque trabalhamos na tarefa por um tempo específico, geralmente curto (talvez apenas 5 ou 10 minutos por sessão), depois paramos para fazer outra coisa. Você dá apenas uma leve mordida no queijo e depois descansa ou parte para outra tarefa.

Esse método se parece com o anterior. Uma vez que você começa a agir, tem a sensação de que está progredindo e de fato realizando a tarefa. Você se sente entusiasmado e estimulado a continuar trabalhando até finalizá-la.

Experimente um desses métodos numa tarefa que à primeira vista lhe pareça grande demais. Você se surpreenderá com sua utilidade. Alguns amigos meus se tornaram autores de best-sellers porque resolveram escrever uma página ou até um parágrafo por dia até o livro ficar pronto. Aplique o exemplo bem-sucedido deles à sua área.

PARA AUMENTAR A PRODUTIVIDADE

1. Experimente aplicar imediatamente uma das técnicas explicadas neste capítulo em um trabalho grande, complexo e cheio de etapas que você tem adiado.
2. Concentre-se na ação. Uma característica comum a todos os indivíduos de alto desempenho é que, quando escutam uma boa ideia, eles a colocam em prática o quanto antes. Como resultado, aprendem mais coisas mais depressa e conseguem resultados superiores. Não deixe para depois. Comece hoje.

Capítulo 19
Estabeleça horários específicos para realizar tarefas importantes

Nada dá mais poder à sua vida do que concentrar todas as suas energias em um conjunto limitado de metas.

NIDO QUBEIN

A maior parte das suas tarefas essenciais exige longos períodos de trabalho ininterrupto para ser finalizada. Sua capacidade de criar e usar esses períodos altamente produtivos e valiosos é fundamental para você conseguir oferecer uma contribuição significativa para seu trabalho e sua vida.

Vendedores de sucesso reservam horários específicos do dia para telefonar para potenciais clientes. Em vez de procrastinar ou atrasar uma tarefa desagradável, eles decidem que vão dar telefonemas durante uma hora inteira e cumprem sua resolução com disciplina.

Muitos executivos também costumam reservar um horário específico do dia para telefonar para seus clientes a fim de estreitar o relacionamento e colher suas opiniões, além de retornar ligações ou responder a e-mails. Algumas pessoas reservam de

30 a 60 minutos diários para se exercitar. Outras leem livros essenciais sobre sua área de trabalho todas as noites durante 15 minutos antes de dormir. Dessa forma, ao longo do tempo acabam lendo dezenas de livros fundamentais.

Programe horários específicos

A chave do sucesso desse método de trabalho é planejar seu dia e agendar um horário fixo para uma atividade ou tarefa específica. Marque compromissos de trabalho consigo mesmo e obrigue-se a cumpri-los. Reserve períodos de 30, 60 e 90 minutos para executar tarefas importantes.

Muitos profissionais altamente produtivos programam atividades específicas em horários pré-planejados o dia inteiro. Eles constroem sua vida profissional em torno da finalização de tarefas importantes, sempre uma de cada vez. Como resultado, tornam-se cada vez mais eficientes e acabam concluindo duas, três, até cinco vezes mais tarefas que um profissional comum.

Use uma agenda

Uma agenda organizada pode ser um dos instrumentos de produtividade mais eficazes e poderosos, pois lhe permite ver onde é possível alocar blocos de tempo para trabalhar com concentração.

Durante esses horários, desligue o telefone, elimine as distrações e trabalhe sem parar. Um dos melhores hábitos para o aumento da produtividade é se levantar cedo e trabalhar em casa pela manhã por duas ou três horas. Em casa, sem interrupções, você pode render três vezes mais que num escritório movimentado, onde está cercado de pessoas e é bombardeado por telefonemas.

Faça cada minuto valer a pena

Antes de uma viagem de avião a trabalho, planeje-se para montar um escritório a bordo. Depois da decolagem, você pode trabalhar durante o tempo de voo. Você se surpreenderá com o volume de tarefas que realizará quando se dedicar sem interrupções.

Uma das principais maneiras de obter um excelente desempenho e ser altamente produtivo é utilizar cada minuto da maneira mais eficiente. Use o tempo de voo e os intervalos entre as conexões para realizar partes menores de tarefas grandes.

PARA AUMENTAR A PRODUTIVIDADE

1. Procure pensar em maneiras diferentes de economizar tempo, programar-se e aproveitar os intervalos para trabalhar em tarefas importantes, um pouco de cada vez.
2. Faça cada minuto valer a pena. Planeje-se e trabalhe com afinco, sem distrações. Acima de tudo, mantenha-se concentrado nos resultados mais importantes que são de sua inteira responsabilidade.

Capítulo 20
Desenvolva um senso de urgência

> Não espere; o momento nunca será "perfeito". Comece por onde você está agora e utilize as ferramentas ao seu dispor. Você encontrará outras melhores à medida que avançar.
> NAPOLEON HILL

A qualidade que se destaca nas pessoas altamente eficazes é o foco na ação. Elas têm pressa para terminar suas tarefas mais importantes. Antes disso, porém, pensam, planejam e estabelecem prioridades. Só depois avançam com rapidez e determinação em direção a suas metas. Para isso, trabalham de maneira consistente e estável. Como resultado, parecem cumprir inúmeras tarefas enquanto uma pessoa comum perde tempo em atividades menos essenciais.

Estado de fluxo

Quando você realiza suas tarefas mais importantes com qualidade e de modo contínuo, pode acabar entrando no estado mental chamado de "fluxo", ou *flow* (o mais alto nível de desempenho e produtividade). Quase todos já tiveram essa sensação em algum momento, mas pessoas bem-sucedidas entram nesse estado com mais frequência que as demais.

Ao atingir o estado de fluxo, você se sente exultante e lúcido ao extremo, com a sensação de que é capaz de cumprir qualquer tarefa com simplicidade e precisão. Você se sente mais feliz, cheio de energia, calmo e eficiente. Durante o estado de fluxo, você se torna mais criativo, sensato e consciente. Sua perspicácia e sua intuição funcionam como um guia e lhe instigam a dizer a coisa certa na hora certa. Você enxerga a conexão entre pessoas e circunstâncias ao seu redor e muitas vezes tem ideias brilhantes que lhe permitem avançar no trabalho com maior rapidez.

Alcance seu desempenho máximo

Uma das maneiras de alcançar o estado de fluxo é desenvolvendo um senso de urgência – um estímulo interno, um desejo de dar prosseguimento ao trabalho e terminá-lo rapidamente, uma espécie de "impaciência" que motiva você a terminar as tarefas que inicia. A sensação é de apostar corrida contra si mesmo.

Ao incorporar o senso de urgência a seu *modus operandi*, você desenvolve uma propensão à ação: em vez de falar sobre o que vai fazer, você simplesmente age, concentrando-se nos passos que começará a dar de imediato e no que pode fazer agora mesmo para alcançar os resultados desejados.

Esse ritmo acelerado caminha de mãos dadas com todo projeto bem-sucedido. Para desenvolvê-lo, é preciso iniciar a tarefa e prosseguir na execução num ritmo estável. Conforme você começa a cumprir cada uma delas, mais estimulado se sente e, com isso, passa a trabalhar ainda mais rápido.

Desenvolva um senso de oportunidade

Quando você trabalha focado em seus objetivos, acaba ativando o Princípio do Impulso para o Sucesso. Segundo ele, embora seja necessário muita energia para superar a inércia inicial e começar o trabalho de fato, quando você pega o impulso, passa a gastar muito menos energia para continuar a tarefa.

A boa notícia é que, quanto maior for seu ritmo de trabalho, maiores serão sua energia e o número de tarefas que você realiza. Com o tempo, você passa a se sentir mais eficiente, ganha experiência e aprende mais depressa. Como resultado, torna-se mais competente e capaz.

Esse senso de urgência o coloca automaticamente na via expressa de sua carreira. Quanto mais você se desenvolve, mais altos são seus níveis de autoestima, amor-próprio e orgulho. Você se sente no controle total de sua vida e seu trabalho.

Faça isso agora!

Um dos modos mais simples e eficazes de se estimular a trabalhar com afinco é repetir para si mesmo a frase: "Faça isso agora!"

Se você sente que está perdendo o ritmo ou se distraindo com conversas ou atividades sem importância, repita a frase "Volte a trabalhar!" quantas vezes for necessário.

Em longo prazo, nada será mais útil em sua carreira do que a fama de realizar trabalhos importantes com rapidez e eficiência. Essa reputação o tornará uma das pessoas mais valiosas e respeitadas de sua área.

PARA AUMENTAR A PRODUTIVIDADE

1. Acostume-se a desenvolver um senso de urgência para todas as tarefas. Selecione especialmente uma área em que você tende a procrastinar e crie o hábito de agir rápido.
2. Quando detectar uma oportunidade ou um problema, comece a agir de imediato. Quando receber uma tarefa ou responsabilidade, cuide dela rapidamente e reporte-se assim que terminar. Atue dessa forma em todas as áreas importantes de sua vida. Com o tempo você se sentirá muito mais eficiente e se surpreenderá com o grande aumento no número de atividades concluídas.

Capítulo 21
Uma tarefa por vez

O segredo do verdadeiro poder é aprender, por meio da prática constante, a economizar seus recursos e concentrá-los, a qualquer momento, em uma única questão.

JAMES ALLEN

Toda grande realização humana foi precedida por um longo período de esforço e concentração até a finalização do trabalho. Sua capacidade de determinar a tarefa mais importante, iniciá-la e se concentrar nela até terminá-la é o segredo para atingir altos níveis de desempenho e produtividade. Cada detalhe do planejamento, da definição de prioridades e da organização deve levar você à conclusão do trabalho em tempo hábil.

Quando der o primeiro passo, siga em frente e só pare quando terminar

Concentrar-se exclusivamente em uma tarefa é cuidar dela do começo ao fim, sem distrações. Sempre que se sentir tentado a parar de trabalhar ou fazer outra coisa, motive-se a seguir com a tarefa repetindo diversas vezes a frase: "Volte a trabalhar!" Quando se concentra em seu projeto mais importante, você reduz o tempo para concluí-lo em pelo menos 50%. Com um preparo cuidadoso, concentração e foco na conclusão, você cria energia, entusiasmo e motivação e se torna cada vez mais eficiente e produtivo.

Por outro lado, estima-se que a tendência de interromper uma tarefa iniciada pode aumentar o tempo necessário para terminá--la em até 500%. Toda vez que você volta a realizar algo após uma pausa, precisa se familiarizar com o ponto em que parou e com o que precisa ser feito. Torna-se necessário superar a inércia e religar os motores para voltar a ganhar embalo e alcançar outra vez um ritmo de trabalho produtivo. Isso gera um gasto extra de energia, como acontece com um motor.

Não desperdice seu tempo

A verdade é que, uma vez decidida sua tarefa número um, qualquer outra se torna uma relativa perda de tempo – com base em suas prioridades, torna-se menos valiosa ou importante.

Quanto mais você se submete à disciplina de trabalhar sem parar numa única tarefa, mais progride na "curva de eficiência" e realiza um trabalho cada vez melhor em menos tempo. Toda vez que ela é interrompida, no entanto, o ciclo se quebra e você retrocede na curva de eficiência até o ponto em que tudo se torna mais difícil e demorado.

Autodisciplina é essencial

O filósofo e escritor norte-americano Elbert Hubbard definiu a autodisciplina como "a capacidade de se obrigar a fazer o que é preciso no momento necessário, esteja você disposto ou não".

Em última análise, o sucesso em qualquer área exige muita disciplina, autodomínio e autocontrole. Esses são os elementos fundamentais para o desenvolvimento do caráter e do desempenho de alto nível.

Começar uma tarefa de alta prioridade e persistir nela até terminá-la é o verdadeiro teste de postura profissional, força de vontade e determinação. A persistência nada mais é que a autodisciplina em ação. A boa notícia é que, quanto mais você se submete a ela para persistir numa atividade importante, mais passa a ter amor-próprio, autoestima e respeito. Com essas mudanças, cria-se uma espiral ascendente e torna-se cada vez mais fácil manter a autodisciplina e persistir na tarefa até sua conclusão.

Quando você se concentra em sua principal tarefa até completá-la, está moldando seu caráter e se transformando em uma pessoa melhor. Você se sente mais forte, competente, confiante, feliz, poderoso e produtivo – um indivíduo capaz de estabelecer e cumprir qualquer objetivo. Você passa a ser dono do próprio destino.

A chave para tudo isso é definir a atividade mais valiosa e importante que você pode realizar em cada momento. Depois, basta arregaçar as mangas e trabalhar nela até o fim.

PARA AUMENTAR A PRODUTIVIDADE

1. Determine hoje mesmo sua tarefa ou seu projeto mais importante e comece a agir imediatamente.
2. Ao trabalhar em sua tarefa mais importante, mantenha a disciplina e a perseverança, sem se distrair. Encare isso como um teste para descobrir se você é capaz de se propor a iniciar uma tarefa e concluí-la.

Conclusão
Juntando as peças

Para alcançar a felicidade, a realização e o sucesso e obter a maravilhosa sensação de poder e eficiência, é fundamental criar o hábito de resolver sua maior pendência logo pela manhã, todos os dias, assim que você começar a trabalhar. Essa é uma habilidade que pode ser aprendida por meio da repetição. Quando você se habitua a encarar sua tarefa mais importante antes de qualquer outra, está caminhando para o sucesso.

A seguir, listo um resumo das 21 dicas de como evitar a procrastinação e fazer mais em menos tempo. Retorne a essas regras e esses princípios até incorporá-los ao seu pensamento e às suas ações, e seu futuro estará garantido.

1. **Defina seu propósito:** Determine exatamente o que você deseja. Nesse momento, é fundamental ter clareza. Anote seus objetivos e suas metas antes de começar a trabalhar.
2. **Planeje cada dia:** Ponha seus pensamentos no papel. Cada minuto gasto com planejamento pode economizar de 5 a 10 minutos na execução.
3. **Aplique o Princípio 80/20:** Apenas 20% de suas atividades representam 80% dos seus resultados. Concentre seus esforços nesses 20%.
4. **Reflita sobre as consequências:** Suas tarefas mais importantes são as que podem gerar as consequências mais sérias (positivas ou negativas) em sua vida pessoal ou profissional. Concentre-se nelas.

5. **Pratique a procrastinação criativa:** Você não pode fazer tudo, então aprenda a adiar as tarefas menos importantes e ganhe tempo para realizar as poucas atividades essenciais.
6. **Use o Método ABCDE:** Depois de elaborar uma lista de tarefas, reserve um momento para organizá-las por ordem de importância. Isso garantirá que você esteja sempre trabalhando na atividade prioritária.
7. **Concentre-se nas áreas que geram resultados fundamentais:** Identifique e determine os resultados que você mais precisa alcançar para realizar bem o seu trabalho. Depois, trabalhe neles com exclusividade, se for preciso.
8. **Aplique a Lei das Três Tarefas:** Identifique as três tarefas que respondem por 90% de sua contribuição à empresa na qual trabalha. Procure realizá-las antes de quaisquer outras. Com essa mudança, você passará a ter mais tempo para sua família e sua vida pessoal.
9. **Prepare-se minuciosamente:** Antes de executar uma atividade, tenha à mão tudo de que precisa. Organize a papelada, as informações, as ferramentas, o material de trabalho e os dados possivelmente necessários para a realização da tarefa.
10. **Um passo de cada vez:** Você é capaz de finalizar o mais extenso e complicado dos trabalhos. Para isso, basta dividi-lo em etapas e realizá-las uma de cada vez.
11. **Aprimore suas principais habilidades:** Quanto mais capacitado você se torna em suas tarefas-chave, mais rápido as inicia e as conclui.
12. **Identifique suas maiores limitações:** Descubra as limitações – internas ou externas – que reduzem o ritmo no qual você realiza seus objetivos mais importantes e busque superá-las.

13. **Ponha pressão em si mesmo:** Imagine que você precisa sair da cidade por um mês e trabalhe hoje como se tivesse que terminar sua principal tarefa antes de viajar.
14. **Motive-se a agir:** Seja o líder de sua própria torcida. Procure o lado bom de cada situação. Em vez de se concentrar no problema, busque a solução. Seja otimista e apresente um comportamento construtivo.
15. **A tecnologia não comanda sua vida:** Recupere o tempo que você perde para os vícios tecnológicos. Habitue-se a desligar seus dispositivos eletrônicos de comunicação nos momentos apropriados.
16. **Você comanda a tecnologia:** Aproveite o que as ferramentas tecnológicas têm de mais útil para ajudá-lo em suas tarefas mais importantes e difíceis e se proteja do que for desperdício de tempo.
17. **Direcione sua atenção:** Evite as interrupções e distrações que interferem em sua capacidade de concluir as tarefas mais importantes.
18. **Divida a tarefa em etapas:** Desenvolva uma obsessão pela conclusão de suas tarefas importantes ou utilize a técnica do "queijo suíço" para concluir aquelas que forem complexas e essenciais.
19. **Estabeleça horários específicos para realizar tarefas importantes:** Organize seus dias em torno dos períodos nos quais você consegue se concentrar durante horas a fio em suas atividades mais importantes.
20. **Desenvolva um senso de urgência:** Crie o hábito de realizar suas tarefas-chave com rapidez. Conquiste a reputação de alguém que faz as coisas rápido e com qualidade.
21. **Uma tarefa por vez:** Estabeleça prioridades claras, comece logo as tarefas mais importantes e trabalhe sem parar até concluí-las. Esse é o verdadeiro segredo para aumentar o desempenho e maximizar a produtividade.

Pratique esses princípios todos os dias até que comecem a parecer instintivos para você. Incorpore esses hábitos de autogerenciamento à sua personalidade e seu sucesso será ilimitado.

Notas

Capítulo 4

1. Andrew Blackman, "The Inner Workings of the Executive Brain," *The Wall Street Journal*, 27 de abril de 2014.

Capítulo 15

1. Elizabeth Segran, "What Really Happens to Your Body and Brain During a Digital Detox," *Fast Company*, 30 de julho de 2015. http://www.fastcompany.com/3049138/most-creative-people/what-reallyhappens-to-your-brain-and-body-during-a-digitaldetox
2. Lisa Eadicicco, "Americans Check Their Phones 8 Billion Times a Day" Time, 15 de dezembro de 2015. http://time.com/4147614/smartphone-usage-us-2015/
3. Lancaster University, "How We Use Our Smartphones Twice as Much as We Think," *ScienceDaily*, 29 de outubro de 2015. https://www.sciencedaily.com/releases/2015/10/151029124647.htm

Capítulo 17

1. Leon Watson, "Humans Have Shorter Attention Span than Goldfish, Thanks To Smartphones," *Telegraph*, 15 de maio de 2015. http://www.telegraph.co.uk/science/2016/03/12/humans-have-shorter-attentionspan-than-goldfish-thanks-to-smart/

CONHEÇA OUTROS TÍTULOS DA EDITORA SEXTANTE

ESSENCIALISMO
Greg McKeown

O essencialista não faz mais coisas em menos tempo – ele faz apenas as coisas certas.

Se você se sente sobrecarregado e ao mesmo tempo subutilizado, ocupado mas pouco produtivo, e se o seu tempo parece servir apenas aos interesses dos outros, você precisa conhecer o essencialismo.

O essencialismo é mais do que uma técnica de gestão de tempo ou de produtividade. É um método para identificar o que é vital e eliminar todo o resto, para que possamos dar a maior contribuição possível àquilo que realmente importa.

Quando tentamos dar conta de tudo e ter tudo, fazemos concessões que nos afastam da nossa meta. Se não decidimos onde devemos concentrar nosso tempo e nossa energia, outras pessoas – chefes, colegas, clientes e até a família – decidem por nós, e logo perdemos de vista tudo o que é significativo.

Neste livro, Greg McKeown mostra que, para equilibrar trabalho e vida pessoal, é preciso eliminar o que não é essencial e se livrar de desperdícios de tempo. Devemos aprender a reduzir, simplificar e manter o foco em nossos objetivos.

Quando realizamos tarefas que não aproveitam nossos talentos e assumimos compromissos só para agradar aos outros, abrimos mão do nosso poder de escolha. O essencialista toma as próprias decisões – e só entra em ação se puder fazer a diferença.

Nove mitos sobre o trabalho
Marcus Buckingham e Ashley Goodall

Alguns conceitos "sagrados" do mundo corporativo, como a necessidade de feedback e a capacidade de liderança como o ponto alto de um profissional, não passam de mitos. Repetidos por toda parte, geram frustração, prejudicam os resultados e abalam a produtividade.

Com histórias envolventes e um meticuloso trabalho de pesquisa, Marcus Buckingham e Ashley Goodall mostram o que de fato é importante para conduzir equipes e desenvolver talentos. Analisando diferentes aspectos da natureza humana, eles revelam como promover o melhor de nós mesmos e dos outros, bem como maneiras inteligentes de nos levar a atuar juntos, unindo esforços.

No mundo real do trabalho em equipe, acompanhamento, senso de propósito e pontos fortes são o que realmente conta.

CONHEÇA ALGUNS DESTAQUES DE NOSSO CATÁLOGO

- BRENÉ BROWN: *A coragem de ser imperfeito – Como aceitar a própria vulnerabilidade, vencer a vergonha e ousar ser quem você é* (600 mil livros vendidos) e *Mais forte do que nunca*

- T. HARV EKER: *Os segredos da mente milionária* (2 milhões de livros vendidos)

- DALE CARNEGIE: *Como fazer amigos e influenciar pessoas* (16 milhões de livros vendidos) e *Como evitar preocupações e começar a viver* (6 milhões de livros vendidos)

- GREG MCKEOWN: *Essencialismo – A disciplinada busca por menos* (400 mil livros vendidos) e *Sem esforço – Torne mais fácil o que é mais importante*

- HAEMIN SUNIM: *As coisas que você só vê quando desacelera* (450 mil livros vendidos) e *Amor pelas coisas imperfeitas*

- ANA CLAUDIA QUINTANA ARANTES: *A morte é um dia que vale a pena viver* (400 mil livros vendidos) e *Pra vida toda valer a pena viver*

- ICHIRO KISHIMI E FUMITAKE KOGA: *A coragem de não agradar – Como a filosofia pode ajudar você a se libertar da opinião dos outros, superar suas limitações e se tornar a pessoa que deseja* (200 mil livros vendidos)

- SIMON SINEK: *Comece pelo porquê* (200 mil livros vendidos) e *O jogo infinito*

- ROBERT B. CIALDINI: *As armas da persuasão* (350 mil livros vendidos) e *Pré-suasão – A influência começa antes mesmo da primeira palavra*

- ECKHART TOLLE: *O poder do agora* (1,2 milhão de livros vendidos) e *Um novo mundo* (240 mil livros vendidos)

- EDITH EVA EGER: *A bailarina de Auschwitz* (600 mil livros vendidos)

- CRISTINA NÚÑEZ PEREIRA E RAFAEL R. VALCÁRCEL: *Emocionário – Um guia prático e lúdico para lidar com as emoções* (de 4 a 11 anos) (800 mil livros vendidos)

sextante.com.br